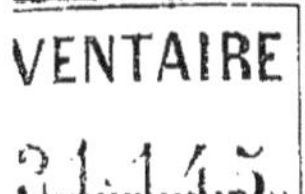

CODE ANNOTÉ DE LA PRESSE,

EN 1835,

RECUEIL COMPLET

Lois, Décrets, Ordonnances, Réglemens, Avis du Conseil-d'État,

SUR LA PRESSE PÉRIODIQUE; — LA LIBRAIRIE ET L'IMPRIMERIE; — LA PROPRIÉTÉ LITTÉRAIRE; — LES GRAVURES ET DESSINS; — LA LIBERTÉ THÉATRALE; — LA PROCÉDURE SUR TOUTES CES MATIÈRES;

DE 1789 A SEPTEMBRE 1835 INCLUSIVEMENT,

INDIQUANT

les Dispositions abrogées ou en vigueur, les Arrêts de la Cour de cassation, et la Concordance des textes.

PAR HENRY CELLIEZ,

Avocat à la Cour royale de Paris,

PARIS.

HENRIOT, ÉDITEUR, RUE DU PONT-DE-LODI, No 5.

SEPTEMBRE 1835.

Code annoté
DE LA PRESSE.
EN 1835.

IMPRIMERIE DE J.-A. BOUDON,
131, RUE MONTMARTRE.

CODE ANNOTÉ
DE LA PRESSE,
EN 1835,
RECUEIL COMPLET

Des Lois, Décrets, Ordonnances, Réglemens, Avis du Conseil-d'État,

SUR LA PRESSE PÉRIODIQUE; — LA LIBRAIRIE ET L'IMPRIMERIE; — LA PROPRIÉTÉ LITTÉRAIRE; — LES GRAVURES ET DESSINS; — LA LIBERTÉ THÉATRALE; — LA PROCÉDURE SUR TOUTES CES MATIÈRES;

DE 1789 A SEPTEMBRE 1835 INCLUSIVEMENT,

INDIQUANT

Toutes les Dispositions abrogées ou en vigueur, les Arrêts de la Cour de cassation, et la Concordance des textes.

PAR HENRY CELLIEZ,

Avocat à la Cour royale de Paris,

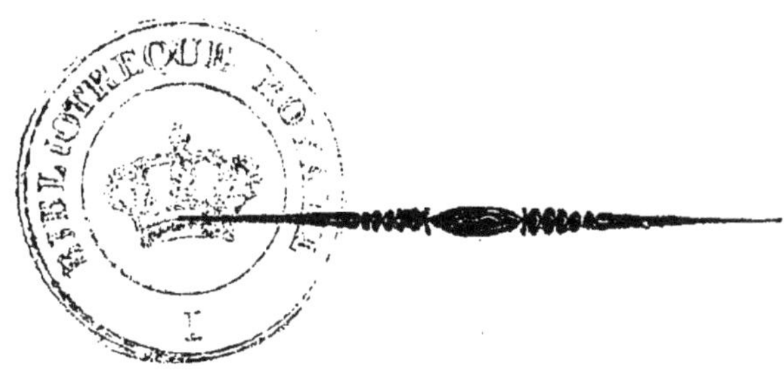

PARIS.

HENRIOT, ÉDITEUR, RUE DU PONT-DE-LODI, N° 5.

SEPTEMBRE 1835.

AVERTISSEMENT.

Les lois qui viennent d'être promulguées dans le but de restreindre l'expression de la pensée sous toutes ses formes, paroles, écrits, gravures, dessins, productions dramatiques, sont l'occasion de la publication de ce recueil. Mais elles n'en sont que l'occasion et non le motif. Elles nous semblent, en effet, à cause des circonstances au milieu desquelles elles sont produites, à cause des hommes qui les ont rédigées, votées et publiées, et surtout à cause de l'esprit qui les domine, destinées à une courte existence.

Sans développer les motifs qui fondent cette opinion, il suffit de rappeler l'énormité des peines, la qualification fausse et exagérée des délits, le changement inconstitutionnel de juridiction, toutes ces conditions enfin, qu'on a réunies pour en faire des lois *suppressives* de la discussion de certaines théories, de l'émission de certaines opinions clairement désignées, et plus encore la manifestation de certains sentimens. Comme si l'homme était maître de ses sympathies!

En réfléchissant à cela on verra bien que ce ne sont pas les lois qu'attendait la presse en 1835; qu'elles ne sont pas le développement naturel et progsessif des lois antérieures, mais un retour vers les lois des temps les plus mauvais, vers celles qui sont mortes frappées de la plus haute réprobation d'une hâtive postérité. Qu'on parcoure les lois des jours les plus sanglans de la révolution, sous le règne tyrannique de la liberté, des jours du despotisme de l'empire, des réactions de 1815, de 1820, de 1822 (1) et l'on y trouvera le même esprit, les mêmes mesures, et souvent les mêmes expressions, plus le mérite de la franchise. Quand on voulait un système préventif il était clairement établi, quand on voulait *supprimer*, on établisait la censure, en exigait des autorisations etc., etc. Les lois de 1835, reniant la législation de 1819, ravivée en 1830, veulent *supprimer*, et elles ne le disent pas. Ce sont de mauvaises lois. J'en atteste M. Sauzet, le rapporteur de la loi sur la presse, et la critique si formelle qu'il fait lui-même de la loi qu'il a remaniée, rédigée, formulée :

« Pour que les lois conservent leur autorité sur l'esprit des peuples, il faut que les
» qualifications demeurent en rapport avec les faits; rien ne sert de grandir les mots,
» les choses restent les mêmes. Ce qui diffère essentiellement par la gravité doit dif-
» férer par le nom de la peine. Autrement la conscience publique répugne à la loi,
» et l'exagération de la force mène à l'impunité et à la faiblesse. (*Rapport sur la loi de la presse. Moniteur du* 20 *août* 1835.)

Dans la conviction intime où je suis que la législation de 1835 ne doit pas durer, j'ai fait d'abord mon travail sur la législation existante avant le 9 septembre 1835. J'ai donné les *textes* en distinguant par des guillemets les dispositions lors abrogées, de celles lors en vigueur. J'ai indiqué dans des notes les époques et les raisons de ces abrogations. J'ai relaté tous les documens de jurisprudence propres à expliquer ces textes et à fixer l'état de la législation; j'ai renvoyé de chaque disposition toutes les dispositions analogues.

Ce travail présente le recueil complet de la législation qui doit servir de base à la législation à venir.

Puis j'ai ajouté les lois du 9 septembre 1835 en indiquant, par des notes particulières, sous chacun de leurs articles, et sous tous les articles des lois antérieures, les modifications qu'elles apportent. Les dispositions des lois antérieures ainsi modifiées ou abrogées par les lois nouvelles sont indiquées par des parenthèses.

---

(1) Voyez les notes sur la Charte de 1830, les lois de 1810, de 1814, de 1815, de 1817, de 1820, du 17 mai 1822.

Je ne puis pas livrer ce travail à la publicité sans donner un témoignage public de ma reconnaissance au savant auteur du *dictionnaire de la législasion usuelle*, cette œuvre déjà populaire avant d'être achevée, à M. de Chabrol Chaméane, qui m'a communiqué un précieux travail de recherches et qui m'a aidé de ses excellens conseils. A chacun suivant son œuvre.

Je serais également ingrat si je ne mentionnais au nombre des ouvrages auxquels je dois d'utiles documens, les deux plus récens et les plus complets, le *Code Constitutionnel*, faisant partie de la magnifique collection que publient MM. Crémieux et Balson sous le nom de *Code des Codes*, et surtout l'excellent traité de M. *Parant* sur les lois de la presse en 1834, ouvrage complet de tous points, et plein de lumineux enseignemens.

INDICATIONS ESSENTIELLES.

Dans le courant du texte les guillemets « indiquent les *dispositions abrogées ou modifiées* par des lois postérieures, mais avant le 9 septembre 1835; quelquefois elles sont en italique, mais toujours avec guillemets.

Les parenthèses indiquent les dispositions abrogées ou modifiées par la législation nouvelle de septembre 1835.

Les notes expliquent les motifs de ces indications.

A la seule lecture on distingue ainsi les dispositions en vigueur, celles abrogées et l'époque de cette abrogation.

Il n'y a point de renvoi pour les notes, les titres ou les numéros des articles sont rappelés au commencement de chaque note.

ABRÉVIATIONS.

Arr. C. C.	— Arrêt de la Cour de cassation.
(Dalloz, 1827-1-359).	— Dalloz, Recueil périodique, année 1827, 1re partie, page 359.
(Dalloz, Jurisp. gén., t. XI, p. 43).	— Jurisprudence générale par Dalloz, tome XI, page 43.
(Sir. 27-1-373).	— Recueil de jurisprudence de Sirey, tome XXVII (ou année 1827), 1re partie, page 373.
(Bull. p. 391 [*ou* n° 490)	— Bulletin criminel de la Cour de cassation.

CODE ANNOTÉ
DE LA PRESSE,
EN 1835.

CHARTE DE 1830.

Articles relatifs à la presse.

Art. 7. Les Français ont le droit de publier et de faire imprimer leurs opinions en se conformant aux lois.

La censure ne pourra jamais être rétablie.

Art. 69. Il sera pourvu successivement

Charte de 1830. — La Charte est la loi des lois. On peut dire qu'elle n'a pas de date, car elle domine la législation faite et celle à faire. Les principes qu'elle pose sont le frontispice obligé de tout code spécial. Tel est le motif qui nous fait placer les art. 7 et 69 en tête de ce Recueil.

Art. 7. — Le second paragraphe a été ajouté à l'article de la Charte de 1814, pour servir de garantie contre la censure qui avait été plusieurs fois établie, avec diverses modifications. — Voyez dans ce Recueil à leur rang de date :

L'ordonnance provisoire du 10 juin 1814;

Le titre 1er de la loi du 21 octobre 1814; temporaire;

Les art. 5, 6, 12 de l'ordonnance d'exécution du 24 octobre 1814;

L'ordonnance du 8 août 1815, établissement de la censure complète.

La loi du 28 février 1817, qui impose aux journaux l'autorisation préalable.

La loi du 31 mars 1820, qui, dérogeant à la loi du 9 juin 1819, favorable à la liberté, soumet les journaux à l'autorisation et à la censure préalables; — temporaire;

L'ordonnance d'exécution du 1er avril 1820;

La loi du 26 juillet 1821, qui proroge la précédente;

La loi du 17 mars 1822, indéfinie. — Autorisation préalable pour les journaux. — Procès de *tendance*, avec la suppression pour résultat. — Etablissement facultatif par ordonnance de la censure temporaire;

Ordonnance du 15 août 1824, qui, en vertu de la loi ci-dessus, rétablit la censure. — Rapportée le 29 septembre 1824;

Loi du 18 juillet 1828; libre établissement des journaux, moyennant certaines conditions de garantie, déclaration, gérant propriétaire, cautionnement.

Enfin la loi du 9 septembre 1835, qui crée les peines *suppressives* des journaux de certaines opinions, et établit la censure *indéfinie* des publications par la voie du dessin et des productions dramatiques.

Art. 69. — Voyez la loi du 8 octobre 1830 et celle du 8 avril 1831.

—

Le principe de la *liberté de la presse* a été posé, par l'assemblée constituante, dans la *déclaration des droits*, décrétée le 26 *août* 1789 et sanctionnée le 5 *octobre suivant*, dans ces termes :

> Art. 11. La libre communication des pensées et des opinions est un des droits les plus précieux de l'homme. Tout citoyen peut donc parler, écrire, imprimer librement, sauf à répondre de l'abus de cette liberté dans le cas déterminé par la loi.

Ce décret sert de préambule à la *constitution du* 3 — 14 *septembre* 1791, qui contient en outre, au titre III, chap. V, art. 17, la disposition suivante :

> Nul homme ne peut être recherché ni poursuivi pour raison des écrits qu'il aura fait imprimer ou publier, sur quelque matière que ce soit, si ce n'est qu'il ait provoqué *à dessein* la désobéissance à la loi, l'avilissement des pouvoirs constitués, la résistance à leurs actes, ou à quelqu'une des actions déclarées crimes ou délits par la loi. La censure des actes des pouvoirs constitués est permise; mais les calomnies volontaires contre la probité des fonctionnaires publics et la droiture de leurs intentions dans leurs fonctions pourront être poursuivies par ceux qui en sont l'objet. La calomnie et les injures contre quelque personne que ce soit, relatives à leur vie privée, seront punies sur leur poursuite.

Dès le 31 *juillet* 1790, l'assemblée constituante avait senti la nécessité de réprimer les abus qui naissaient de l'application du principe de liberté proclamé par elle et elle avait décrété, sur la dénonciatiou faite par un de ses membres d'une feuille intitulée : *c'en est fait de nous*, et du dernier numéro des *Révolutions de France et de Brabant*, que :

> Le procureur du roi au Châtelet serait mandé et qu'il lui serait donné ordre de poursuivre comme criminels de lèse-nation, tous auteurs, imprimeurs et colporteurs d'écrits exitant le peuple à l'insurrection contre

par des lois séparées, et dans le plus court délai possible, aux objets qui suivent :

1° L'application du jury aux délits de la presse et aux délits politiques, etc.

---

les lois, à l'effusion du sang et au renversement de la Constitution.

Et par un décret du 1er *août* elle avait ajouté :

Ou qui inviteraient les princes étrangers à faire des invasions dans le royaume.

Cette qualification du délit *(lèse nation)* entraînait effectivement les accusés devant le *Châtelet* chargé par décret du 21 *octobre* 1789, (sanctionné le 3 novembre) de juger provisoirement les crimes de lèse nation, jusqu'à la création annoncée d'un tribunal *spécial*. (La *haute cour nationale*.)

Le 3 *août suivant*, un nouveau décret de la constituante hâtait l'exécution de celui du 31 juillet, et le 10 *août* 1790, elle décrétait une *amnistie* sous cette forme :

Il ne pourra être intenté aucune action, dirigé aucune poursuite pour les écrits qui ont été publiés jusqu'à ce jour sur les affaires publiques, à l'exception du libelle intitulé : *C'en est fait de nous*, à l'égard duquel la dénonciation précédemment faite sera suivie. — (Cette amnistie portait principalement sur Camille Desmoulins. L'exception frappait Marat.)

Le 21 *juillet* 1792, l'assemblée *législative* faisait injonction au pouvoir exécutif de poursuivre deux *libellistes* nommés dans le décret, et « tous journalistes incendiaires et « libellistes, et d'informer l'assemblée de « huitaine en huitaine des mesures qui au-« raient été prises à cet égard. »

Le 18 *août* 1792, elle s'efforçait de combattre l'influence des *libelles inciviques et autres écrits tendant à égarer l'opinion publique*, en mettant à la disposition du ministre de l'intérieur 100,000 francs, *sur les dépenses secrètes*, pour *répandre des écrits propres à éclairer les esprits sur les trames criminelles de l'état, et sur les vraies causes des maux qui ont trop long-temps déchiré la patrie*.

La *convention* s'armait aussi de mesures restrictives de la liberté de la presse : par deux décrets des 9 et 21 mars 1793, elle voulait interdire aux députés le cumul des fonctions de *journalistes* et celles de députés. Mais le 2 avril, *considérant combien doit être grand le respect dû à la presse*, elle rapportait ces décrets.

La *constitution du 24 juin* 1793, (art. 7 de la déclaration des droits) posait de nouveau le principe de la liberté *de manifester sa pensée et son opinion, soit par la voie de la presse soit de toute autre manière*. Celle du 5 fructidor an III, déclarait cette liberté *illimitée* avec faculté de *suspension par voie législative pour un an au plus*. (Art. 353 et 355.)

Deux décrets des 27 et 28 *germinal an* IV, (16 et 17 avril 1796) punissaient de MORT ou de DÉPORTATION *tous ceux qui par leurs discours ou par leurs écrits imprimés, soit distribués soit affichés*, provoqueraient *la dissolution de la représentation nationale ou celle du directoire exécutif, ou le meurtre de tous ou aucun de ceux des membres qui les composent, ou le rétablissement de la* ROYAUTÉ *ou celui de la constitution de* 1793, *ou celui de la constitution de* 1791, *ou de tout gouvernement* AUTRE *que celui établi par la constitution de l'an* III, *acceptée par le peuple français, ou l'invasion des propriétés publiques, ou le pillage des propriétés particulières, sous le nom de* LOI AGRAIRE *ou de tout autre manière*, — et portaient des peines sévères contre les vendeurs, distributeurs de pareils écrits, et de ceux qui paraîtraient sans nom d'auteur et d'imprimeur. Le dernier de ces décrets créait la responsabilité du directeur d'un journal pour les articles non signés.

Un décret du 5 *nivose an* V interdisait le *cri* des feuilles publiques, ou des actes de l'autorité autrement que par leur titre. Disposition reproduite par la loi du 16 février 1834.

Un décret du 19 *fructidor an* V, (5 septembre 1797) contenant les *mesures de salut public* prises relativement à la conspiration royale mettait, *pour un an, les journaux, les autres feuilles périodiques, les presses qui les imprimaient, sous l'inspection de la police, qui pouvait les susprendre, conformément à l'art.* 355 *de la constitution*. L'exécution de ce décret fut réglée par un arrêté du 23 *brumaire an* VI (13 novembre 1797). Il fut prorogé pour un an par la loi du 19 *fructidor an* VI, rapportée elle-même le 14 *thermidor an* VII.

Pour completter cette énumération des actes relatifs à la liberté de la presse, nous citerons :

Le décret du 27 *nivose an* VIII (17 janvier 1800) qui prononçait la nécessité de l'*autorisation* pour la publication d'un *journal*, et énumérait ceux autorisés.

1° L'art. 64 du sénatus consulte organique du 28 *florial an* XII, qui crée une *commission sénatoriale de la liberté de la presse*, chagée de veiller au maintien de cette liberté. Mensonge législatif comme toute l'organisation représentative du consulat et de l'empire.

2° Un décret du 3 *août* 1810 qui limitait à un par département, les journaux de province, et le mettait sous l'autorité du préfet.

3° Celui du 26 *septembre* 1811 qui autorisait la création de feuilles d'annonces et avis divers, dans ce grand nombre de villes.

Les textes de tous les décrets ci-dessus mentionnés, forment l'histoire la plus curieuse de la *liberté* de la presse jusqu'à la restauration.

ÉDIT DU 21 AOUT 1686. — RÉGLEMENT DU 28 FÉVRIER 1723. — DU 24 MARS 1744. — DU 30 AOUT 1777

Relatifs au brevet et à la liberté de l'imprimerie et de la librairie.

(Voyez en note sous l'art. 11, loi du 21 octobre 1814, le texte des articles rappelés par la législation moderne, notamment par une ordonnance d'interprétation du 1e septembre 1827.)

—

DÉCRET DES 13-19 JANVIER 1791.

Sur la liberté des représentations dramatiques et la police des théâtres.

[Assemblée nationale constituante.]

Art. 1er « Tout citoyen pourra élever « un théâtre public, et y faire représenter « des pièces de tous les genres, en faisant, « préalablement à l'établissement de son « théâtre, sa déclaration à la municipalité « des lieux. »

2. Les ouvrages des auteurs « *morts depuis cinq ans et plus* » sont une propriété publique, et peuvent, nonobstant tous anciens priviléges qui sont abolis, être représentés sur tous les théâtres indistinctement.

3. Les ouvrages des auteurs vivans ne pourront être représentés sur aucun théâtre public, dans toute l'étendue de la France, sans le consentement formel et par écrit des auteurs, sous peine de confiscation du produit total des représentations au profit des auteurs.

4. La disposition de l'art. 3 s'applique aux ouvrages déjà représentés, quels que soient les anciens réglemens; néanmoins, les actes qui auraient été passés entre des comédiens et des auteurs vivans, ou des auteurs morts « depuis moins de cinq ans », seront exécutés.

5. Les héritiers ou cessionnaires des auteurs seront propriétaires de leurs ouvrages durant l'espace de « *cinq années après « la mort de l'auteur.* »

6. Les entrepreneurs, ou les membres des différens théâtres seront, à raison de leur état, sous l'inspection des municipalités; (ils ne recevront des ordres que des officiers municipaux, qui ne pourront pas arrêter ni défendre la représentation d'une pièce, sauf la responsabilité des auteurs et des comédiens,) et qui ne pourront rien enjoindre aux comédiens, que conformément aux lois et aux réglemens de police : réglemens sur lesquels le comité de constitution donnera incessament un projet d'instruction. Provisoirement les anciens réglemens seront exécutés.

7. Il n'y aura au spectacle qu'une garde extérieure, dont les troupes de ligne ne seront point chargées, si ce n'est dans le cas où les officiers municipaux leur en feraient la réquisition formelle. Il y aura toujours un ou plusieurs officiers civils dans l'intérieur des salles, et la garde n'y pénétrera que dans le cas où la sûreté publique serait compromise, et sur la réquisition expresse de l'officier civil, lequel se conformera aux lois et aux réglemens de police. Tout citoyen sera tenu d'obéir provisoirement à l'officier civil.

—

DÉCRET DU 16 JUILLET 1791.

Sur les droits des auteurs de productions dramatiques.

[Assemblée nationale constituante.]

Art. 1er Conformément aux dispositions des articles 3 et 4 du décret du 19 janvier dernier, concernant les spectacles, les ouvrages des auteurs vivans, même ceux qui étaient représentés avant cette époque, soit qu'ils fussent ou non gravés ou imprimés, ne pourront être représentés sur aucun théâtre public, dans toute l'étendue du royaume, sans le consentement formel et par écrit des auteurs, ou sans celui de leurs héritiers ou cessionnaires, pour les ouvrages des auteurs morts « *depuis au moins cinq ans* », sous peine de confiscation du produit total des représentations, au profit de l'auteur ou de ses héritiers ou cessionnaires.

Décret du 13—19 janvier 1791.

V. la loi du 16 juillet 1793.

Art. 1er. — Abrogé par le décret du 8 juin 1806.

Art. 2 et 5.—Voy. les art. 2 et 7 de la loi du 19 juillet 1793.

Art. 6.—Voy. la loi du 9 septembre 1835.

Decret du 16 juillet 1791.

V. les notes sur les art. 2 et 7 de la loi du 19 juillet 1793, et le décret du 18 juin 1806.

2. La convention entre les auteurs et les entrepreneurs de spectacles sera parfaitement libre ; et les officiers municipaux ni aucuns autres fonctionnaires ne pourront taxer lesdits ouvrages, ni modérer, ni augmenter le prix convenu ; et la rétribution des auteurs, convenue entre eux ou leurs ayant-causes et les entrepreneurs de spectacles, ne pourra être saisie ni arrêtée par les entrepreneurs de spectacles.

—

DEUX DÉCRETS DU 12 ET DU 16 JANVIER 1793.

Sur la liberté des théâtres.

[Convention nationale.]

(Texte en note sous le décret du 8 juin 1806.)

DÉCRET DU 19 JUILLET 1793

Relatif aux droits de propriété des auteurs d'écrits en tout genre, des compositeurs de musique, des peintres et des dessinateurs.

[Convention nationale.]

Art. 1er. Les auteurs d'écrits en tout genre, les compositeurs de musique, les peintres et dessinateurs qui feront graver des tableaux ou dessins, jouiront durant leur vie entière du droit exclusif de vendre, faire vendre, distribuer leurs ouvrages dans le territoire de la république, et d'en céder la propriété en tout ou en partie.

2. Leurs héritiers ou cessionnaires jouiront du même droit durant l'espace de dix ans après la mort des auteurs.

Décret du 19 *juillet* 1793.

Ce décret forme la base de la législation actuelle sur ce qu'on appelle improprement la *propriété littéraire*, car elle embrasse toutes les œuvres qui sont le produit direct de l'art ou de l'intelligence.

Il faut rapprocher ce décret principalement de celui des 13-19 janvier 1791, du titre VI du décret du 5 février 1810, du décret du 7 germinal an XIII, des décrets des 20 février 1809 et 6 juillet 1810. — Voyez en outre les différentes dispositions citées dans les notes, et la loi de douanes du 27 mars 1817, citée textuellement sous l'art. 34 du décret du 5 février 1810.

Art. 1 et 2. — I. La loi du 13-19 janvier 1791 attribuait déjà aux auteurs et à leurs héritiers ou cessionnaires la propriété des *ouvrages dramatiques*. Cette disposition a été confirmée explicitement par un décret du 1er septembre 1793 qui ordonne l'exécution de celui du 13 janv. 1791, et l'application aux ouvrages dramatiques du présent décret du 19 juillet 1793. (Voyez décret du 8 juin 1806.) — Voyez note III sur l'art. 7.

II. Quant à la propriété des ouvrages *posthumes*, elle est réglée par le décret suivant :

Décret du 1er germinal an XIII.

Napoléon..., vu les lois sur la propriété littéraire ;

Considérant qu'elles déclarent propriété publique les ouvrages des auteurs morts depuis plus de dix ans;

Que les dépositaires, acquéreurs, héritiers ou propriétaires des ouvrages posthumes d'auteurs morts depuis plus de dix ans, hésitent à publier ces ouvrages, dans la crainte de s'en voir contester la propriété exclusive, et dans l'incertitude de la durée de cette propriété;

Que l'ouvrage inédit est comme l'ouvrage qui n'existe pas; et que celui qui le publie a les droits de l'auteur décédé, et doit en jouir pendant sa vie;

Que cependant, s'il réimprimait en même temps et dans une seule édition, avec les œuvres posthumes, les ouvrages déjà publiés du même auteur, il en résulterait en sa faveur une espèce de privilége pour la vente d'ouvrages devenus propriété publique; le conseil d'état entendu, *décrète :*

Les propriétaires, par succession ou à autre titre, d'un ouvrage posthume, ont les mêmes droits que l'auteur, et les dispositions des lois sur la propriété exclusive des auteurs et sur sa durée leur sont applicables; toutefois à la charge d'imprimer séparément les œuvres posthumes, et sans les joindre à une nouvelle édition des ouvrages déjà publiés et devenus propriété publique.

III. Les auteurs étrangers sont protégés aussi bien que les nationaux par notre législation. Le décret du 5 février 1810, art. 40, assure formellement leur droit.

Un arrêt de la cour de cassation du 23 mars 1810, rendu sur des faits antérieurs au décret, avait déjà proclamé ce principe, en jugeant que les auteurs étrangers qui publient en France *des ouvrages non encore publiés en pays étrangers,* peuvent, ainsi que leurs cessionnaires, *s'ils se sont conformés à la loi du* 19 *juillet* 1793, poursuivre les contrefacteurs de ces ouvrages. (Sirey, 1811-1-16 ; Denevers, 1811-1-78; Dalloz, Jurisp. gén., v° *Propriété littéraire,* p. 473.)

Il y avait dans cet arrêt une restriction contre les ouvrages *publiés à l'étranger*; mais, depuis lors, la cour a décidé, par un arrêt de rejet du 30 janv. 1818 (Sir., 1818-1-222; Dall., Jur. gén., v° *Propriété littéraire,* p. 470), qu'il ne résultait pas, de ce que l'ouvrage avait été publié en pays étranger, qu'il dût devenir la propriété publique de tous les Français; que le droit d'auteur était entier nonobstant cette publication, si, *avant la réimpression faite en France,* l'auteur étranger s'était conformé à la loi française pour assurer sa propriété sur notre territoire.

3. Les « officiers de paix » seront tenus de faire confisquer à la réquisition, et au profit des auteurs, compositeurs, peintres ou dessinateurs et autres, leurs héritiers ou cessionnaires, tous les exemplaires des éditions imprimées ou gravées sans la permission formelle et par écrit des auteurs.

4. Tout contrefacteur sera tenu de payer au véritable propriétaire « *une somme équivalente au prix de trois mille exemplaires de l'édition originale.* »

5. Tout débitant d'édition contrefaite, s'il n'est pas reconnu contrefacteur, sera tenu de payer au véritable propriétaire « *une somme équivalente aux prix de cinq*

ART. 3. — *Loi du 25 prairial an* III : Les fonctions attribuées aux officiers de paix, par l'art. 3 de la loi du 19 juillet 1793, seront, à l'avenir, exercées par les commissaires de police, et par les juges de paix dans les lieux où il n'y a pas de commissaire de police.

ART. 4 et 5. — I. Ces dispositions sont modifiées par la loi du 5 février 1810 (art. 41 f°, 42, 43), et par les articles du Code Pénal, ainsi conçus :

ART. 425. Toute édition d'écrits, de composition musicale, de dessin, de peinture, ou de toute autre production, imprimée ou gravée en entier ou en partie, au mépris des lois et réglemens relatifs à la propriété des auteurs, est une contrefaçon, et toute contrefaçon est un délit.

426. Le débit d'ouvrages contrefaits, l'introduction sur le territoire français d'ouvrages qui, après avoir été imprimés en France, ont été contrefaits chez l'étranger, sont un délit de la même espèce.

427. La peine contre le contrefacteur, ou contre l'introducteur, sera une amende de cent francs au moins et de deux mille francs au plus; et contre le débitant, une amende de vingt-cinq francs au moins et de cinq cents francs au plus.

La confiscation de l'édition contrefaite sera prononcée tant contre le contrefacteur que contre l'introducteur et le débitant.

Les planches, moules ou matrices des objets contrefaits seront aussi confisqués.

428. Tout directeur, tout entrepreneur de spectacle, toute association d'artistes qui aura fait représenter sur son théâtre des ouvrages dramatiques, au mépris des lois et réglemens relatifs à la propriété des auteurs, sera puni d'une amende de cinquante francs au moins, de cinq cents francs au plus, et de la confiscation des recettes.

429. Dans les cas prévus par les quatre articles précédens, le produit des confiscations, ou les recettes confisquées, seront remis au propriétaire pour l'indemniser d'autant du préjudice qu'il aura souffert : le surplus de son indemnité, ou l'entière indemnité, s'il n'y a eu ni vente d'objets confisqués ni saisie de recettes, sera réglé par les voies ordinaires.

Les articles cités du décret du 5 février 1810 prononcent la confiscation au profit du propriétaire, l'amende au profit du trésor et des dommages-intérêts à fixer.

L'application de ces diverses dispositions a été prononcée par deux arrêts de la Cour de cassation (4 septembre 1812; Sirey 12-1-288; Dalloz, Jurisp. gén., v° *Propriété littéraire*, p. 4843 — 30 janvier 1818; Sirey, 18-1-222; Dalloz, v° *Propriété littéraire* p. 470.)

II. L'appréciation du délit de contrefaçon résulte nécessairement des faits; néammoins nous indiquerons quelques décisions de la cour de cassation qui peuvent servir de guide dans cette appréciation. — Ainsi il y a contrefaçon :

1° Dans l'usurpation du titre principal et conformité dans le texte, même lorsqu'il y a des retranchemens, des définitions, corrections ou remarques nouvelles, ou des additions (arr. C. C., 28 floréal an XII; Bull. p. 200; Sirey, an 13-1-52).

2° Quand on s'empare des *recueils*, *compilations* et autres ouvrages de cette nature qui ont exigé, dans leur exécution, le discernement du goût, le choix de la science et le travail de l'esprit (arr. C. C. 2 décembre 1814, Bull. p. 93; Sirey 1815-1-60; Dalloz, V° *propriété littéraire*, p. 465).

3° Quand on s'empare d'une *traduction* (arr. de rejet, 23 juillet 1824; Dalloz. V° *Propriété littéraire*, p. 469).

4° Lorsque, entre l'ancien ouvrage et le nouveau, il y a assimilation dans les termes, analogie dans les élémens et même ordre dans l'exécution, à quelques suppressions près. Vainement le contrefacteur dirait-il que l'impression qu'il a faite a été autorisée *au nom de l'état, dans un but d'utilité publique*. La propriété littéraire n'est pas soumise à ce genre d'expropriation. (arr. C. C. 3 mars 1826; Bull. p 115; Sirey 26-1-365; Dalloz 1826-1-264).

On peut ne punir que comme *contrefaçon partielle* le *plagiat* qui n'est pas reconnu notable et dommageable. (arr. C. C. 3 juillet 1812; Sirey 12-1-265; Dalloz. V° *Propriété littéraire*, p. 478).

Le *Plagiat* ne constitue pas toujours le délit de contrefaçon; aussi l'emprunt à un ouvrage déjà publié, d'un certain nombre de morceaux fondus dans le corps de l'ouvrage nouveau, ne constitue pas le délit de contrefaçon, lorsque d'ailleurs l'ouvrage nouvellement publié diffère essentiellement du premier par son titre, son format, sa composition, son objet. (Arr. C. C. 20 février 1820. Sirey 20-1-257).

Les tribunaux peuvent juger, selon les circonstances, que l'insertion dans un journal, de plusieurs articles extraits d'un autre journal, sans le consentement de l'éditeur de celui-ci, constitue une contrefaçon. (Arr. C. C. 29 octobre 1830; Bull. p. 543; Sirey 31-1-368; Dalloz 1831-1-11).

« *cents exemplaires de l'édition originale.* »

« 6. Tout citoyen qui mettra au jour un « ouvrage, soit de littérature ou de gravu« re, dans quelque genre que ce soit, sera « obligé d'en déposer deux exemplaires à « la bibliothèque nationale ou au cabinet « des estampes de la république, dont il re« cevra un reçu signé par le bibliothécaire, « faute de quoi il ne pourra être admis en « justice pour la poursuite des contrefac« teurs. »

7. Les héritiers de l'auteur d'un ouvrage de littérature, ou de gravure, ou de toute autre production de l'esprit ou de génie qui appartienne aux beaux-arts, en auront la propriété exclusive pendant «*dix* « *années*. »

ART. 6. — I. Le dépôt est actuellement réglé par une ordonnance du 9 janvier 1828. V° la note sur l'art. 4 de l'ordonnance du 24 octobre 1814.

II. Cet article ne s'appliquait qu'à la littérature et à la gravure; le sculpteur n'était pas soumis à la condition qu'il imposait; et c'est ce qui a été jugé par l'arrêt du 17 novembre 1814, rapporté ci-dessous, note II, sur l'article 7. Mais depuis que le décret de 1810 a ordonné le dépôt de plusieurs exemplaires, au moment de la publication, *dont un pour la Bibliothèque*, on a prétendu que le dépôt prescrit par la loi de 1793 était devenu sans objet, qu'il avait été remplacé, et qu'en ce point il y avait dérogation à la loi ancienne par la nouvelle. La cour de Besançon a condamné ce système, et en conséquence elle a repoussé la plainte en contrefaçon d'un auteur auquel le prévenu déniait l'action, faute du dépôt préalable effectué conformément à la loi de 1793. La cour de cassation a rejeté le pourvoi dirigé contre la décision de la cour royale. (Arr. du 30 juin 1832; Bull., p. 350; Sirey, 1832-1-633; Dalloz, 1832-1-289).

La question s'est de nouveau présentée, en 1834, devant la cour de cassation, et cette fois elle a été jugée dans un sens tout différent. L'arr. du 1er mars 1834 (Bull., p. 81; Dalloz, 1834 1-113) décide que le dépôt effectué conformément à la loi du 21 octobre 1814, suffit pour garantir à l'auteur l'exercice de l'action que lui confère la loi du 19 juillet 1793.

ART. 7. — I. Modifié par l'art. 39, loi du 5 février 1810, qui étend le droit des *héritiers* à la veuve, pendant sa vie, et aux enfans, pendant *vingt ans*.

Cette expression *enfans* comprend incontestablement les descendans.

Le droit des héritiers directs ou collatéraux ne s'ouvre qu'après la mort de la veuve, pour 10 ou 20 ans.

Car les héritiers collatéraux ne sont pas compris dans les prolongations de temps prononcées en l'art. 39 du décret de février 1810. Toutefois cette opinion, qui repose sur la lettre de l'art. 39 et sur la préférence naturelle que méritent les enfans, est combattue dans une consultation de M. Locré, rapportée par Sirey (1817-2-282).

II. Le droit de propriété garanti par cet article et les précédens s'applique aux écrits, aux œuvres musicales (v. la note III), aux peintures, aux dessins. Les auteurs de ces dernières productions, ou leurs cessionnaires ont seuls le droit de les répandre par la gravure ou par la copie. Il en est de même des sculpteurs. Aussi le contre-moulage d'une statue ou d'un buste est-il assimilé à la contre-façon, par suite des dispositions générales de l'art. 425 du Code pénal. (Arrêt C. C. rejet, du 17 novembre 1814; Sirey, 1816-1-23; Dalloz, Jurisp. générale, V. *Propriété littéraire*, p. 495). V. d'ailleurs page 11 l'art. 427 du Code pénal, qui prononce la confiscation des planches, *moules*, etc.

III. Quant aux productions dramatiques, les lois en assurent la propriété à leurs auteurs, à tel point que nul ne peut les représenter sur un théâtre public sans leur consentement exprès, et qu'eux seuls aussi peuvent en autoriser l'impression. — Ce droit est transmissible par cession ou par hérédité. — Et la loi du 1er septembre 1793, citée dans la note sur l'art. 2 ci-dessus, en ordonnant l'application de la loi du 19 juillet 1793, a garanti pour dix ans ce droit aux cessionnaires ou héritiers des auteurs. — Mais il ne faut pas leur appliquer l'extension portée par l'art. 39 du décret de 1810 (Voyez note I ci-dessus). C'est ce qui résulte d'un avis du Conseil-d'état ainsi conçu :

Avis du Conseil-d'état, approuvé le 23 août 1811.

Le conseil d'état, qui d'après le renvoi ordonné par S. M., a entendu le rapport de la section de l'intérieur sur celui du ministre de ce département, relativement à la question de savoir si les dispositions du décret du 5 février 1810, art. 39 et 40, sont applicables aux auteurs d'ouvrages dramatiques, — est d'avis que le décret n'a rien innové quant aux droits des auteurs d'ouvrages dramatiques et des compositeurs de musique et que les droits doivent être réglés conformément aux lois existantes, antérieurement audit décret du 5 février.

(Voyez les lois des 13-19 janvier, 19 juillet 1791, 19 juillet et 1er sept. 1793 et le décret du 8 juin 1806).

IV. Pour ce qui concerne les *œuvres posthumes*, voyez le décret du 1er germinal, an XIII, dans la note sur l'art. 2.

DÉCRET DU 1er SEPTEMBRE 1793.

Qui ordonne, en ce qui touche les ouvrages dramatiques, l'exécution de celui du 13-19 janvier 1791 et l'application de celui du 19 juillet 1793.

[Convention nationale.]

(Voyez les notes sur la loi du 19 juillet 1793.)

DÉCRET DU 1er GERMINAL AN XIII.

Sur la propriété des ouvrages posthumes.

[Consulat.]

(Le texte est en note sous la loi du 19 juillet 1793, art. 2.)

DÉCRET DU 7 GERMINAL AN XIII.

Sur l'impression des livres d'église.

[Consulat.]

ART. 1er. Les livres d'église, les heures et prières, ne pourront être imprimés ou réimprimés, que d'après la permission donnée par les évêques diocésains ; laquelle permission sera textuellement rapportée et imprimée en tête de chaque exemplaire.

2. Les imprimeurs-libraires qui feraient imprimer, réimprimer des livres d'église, des heures ou prières, sans avoir obtenu cette permission, seront poursuivis conformément à la loi du 19 juillet 1793.

DÉCRET DU 8 JUIN 1806.

Sur la police des théâtres et l'autorisation par le gouvernement.

[Empire.]

(Voyez le texte à la fin du volume.)

DÉCRET DU 29 JUILLET 1807.

Contenant réglement sur les théâtres.

[Empire.]

(Voyez le texte à la fin du volume.)

DÉCRET DU 20 FÉVRIER 1809.

Sur l'impression des manuscrits appartenant à l'état.

[Empire.]

ART. 1er Les manuscrits des archives de notre ministère des relations extérieures, et ceux des bibliothèques impériales, départementales et communales, ou des autres établissemens de notre empire, soit que ces manuscrits existent dans les dépôts auxquels ils appartiennent, soit qu'ils en aient été soustraits, ou que leurs minutes n'y aient pas été déposées aux termes des anciens réglemens, sont la propriété de l'état, et ne peuvent être imprimés et publiés sans autorisation.

2. Cette autorisation sera donnée par notre ministre des relations extérieures, pour la publication des ouvrages dans lesquels se trouveront des copies, extraits, ou citations des manuscrits qui appartiennent aux archives de son ministère ; et par notre ministre de l'intérieur, pour celle des ouvrages dans lesquels se trouveront des copies, extraits ou citations des manuscrits qui appartiennent à l'un des autres établissemens publics mentionnés dans l'article précédent.

DÉCRET DU 5 FÉVRIER 1810.

Contenant réglement sur l'imprimerie et sur la librairie.

(Empire.)

TITRE PREMIER. — *De la direction de l'imprimerie et de la librairie.*

« ART. 1er. Il y aura un directeur général, chargé, sous les ordres de notre « ministre de l'intérieur, de tout ce qui est « relatif à l'imprimerie et la librairie.

Décret du 20 février 1809.

L'état est propriétaire des manuscrits des bibliothèques et dépôts publics ; à ce titre, il peut exercer tous les droits de la propriété, et empêcher qu'on ne les publie sans autorisation. De là le décret du 20 février 1809. — V. la loi du 19 juillet 1793, sur la propriété littéraire.

Décret du 5 février 1810.

A l'époque de la Charte de 1814, la législation *préventive* et répressive résultait à peu près entièrement du présent décret et du Code pénal. — Une ordonnance du 10 juillet 1814 prescrivit l'exécution de cette législation en attendant qu'il y fût autrement pourvu. Les premières lois nouvelles furent celles du 21 octobre 1814, et du mois de mai 1819. (Voyez ci-après.)

La loi de 1814 a remplacé, pour la plus grande partie, le décret du 5 février 1810 ; mais ce décret n'ayant pas été expressément abrogé, soit par cette loi, soit par d'autres lois postérieures, celles de ses dispositions qui sont conciliables avec la Charte de 1830 et la législation actuelle doivent être encore exécutées. — Nous indiquerons, dans les notes qui suivent, les dispositions en vigueur.

ART. 1er — Abrogé par un décret spécial du

« 2. Six auditeurs seront placés auprès « du directeur général. »

TITRE II. — *De la profession d'imprimeur.*

3. A dater du 1er janvier 1811, le nombre des imprimeurs dans chaque département sera fixé, et celui des imprimeurs à Paris réduit à « *soixante* » (*a*).

4. La réduction dans le nombre des imprimeurs ne pourra être effectuée sans qu'on ait préalablement pourvu à ce que les imprimeurs actuels qui seront supprimés reçoivent une imdemnité de ceux qui seront conservés.

5. Les imprimeurs seront brevetés et assermentés.

6. Ils seront tenus d'avoir à Paris quatre presses, et dans les départemens, deux.

---

24 mars 1815. (Voyez la note sur l'art. 13 du 21 oct. 1814 et loi du 8 oct. 1830.)

ART. 3.—Un décret du 18 *novembre* 1810, « Considérant que la réduction et la fixation « du nombre des imprimeurs laisseront néces- « sairement des presses, fontes, caractères ou « autres ustensiles d'imprimerie, en la pos- « session de plusieurs individus non brevetés, « ou feront passer ces objets en d'autres « mains, et qu'il importe d'en connaître les « détenteurs et l'usage qu'ils se proposent d'en « faire ; »

Obligeait tous les propriétaires, possesseurs ou détenteurs de presses, fontes, caractères ou autres ustensiles d'imprimerie à en faire, dans le mois, la déclaration au préfet. — Le directeur-général de la librairie, auquel étaient transmises ces déclarations, rendait compte aux ministres de l'intérieur et de la police, avec son avis sur les demandes de conserver les presses ou autres ustensiles, et l'empereur statuait sur le rapport du ministre. — Les contraventions à ce décret étaient punies d'un emprisonnement de six jours à six mois, et constatées et poursuivies conformément aux dispositions de la section II du titre VII du décret du 5 février 1810. (Art. 45 et suivans.) Voyez la note sur l'art. 4; voyez aussi l'art. 31.

ART. 3. (*a*) — Ce nombre a été porté à 80 par décret du 11 février 1811.

ART. 4. Il a été pourvu à l'exécution de cet article par un décret du 2 *février* 1811, ainsi conçu :

TITRE PREMIER. — *Des presses supprimées.*

ART. 1er Les imprimeurs conservés dans notre bonne ville de Paris sont tenus d'acheter les presses des imprimeurs supprimés; ils les paieront au prix de l'estimation qui en sera faite, en un an et en quatre termes.

2. Chacun des imprimeurs conservés paiera un soixantième du prix total de cette acquisition.

3. Les imprimeurs conservés s'entendront entre eux pour se partager les presses ainsi acquises.

4. Immédiatement après la publication du présent décret, les scellés seront apposés sur les caractères appartenant aux imprimeurs supprimés.

Ils pourront les vendre à leur gré, pourvu que cette vente ne soit faite qu'à des imprimeurs et fondeurs brevetés.

TITRE II. — *De l'indemnité accordée aux imprimeurs supprimés.*

5. Il sera payé, par les imprimeurs conservés, aux imprimeurs supprimés une indemnité.

6. Cette indemnité est fixée sur le pied de quatre mille francs par imprimeur supprimé.

7. Il en sera fait une somme totale qui sera répartie entre les imprimeurs supprimés, proportionnellement à l'importance et à l'activité de leur établissement, dûment constatées.

8. A cet effet, les imprimeurs supprimés seront divisés en plusieurs classes. On placera dans la première, ceux dont l'établissement sera reconnu avoir le plus d'importance; et dans la dernière, ceux qui seront trouvés avoir l'établissement le moins considérable en valeur mobilière et en occupations.

9. Cette division en classes sera faite, et l'indemnité sera fixée par une commission dont il sera parlé ci-après.

10. Chacun des soixante imprimeurs conservés, paiera un soixantième de la somme totale fixée pour l'indemnité due aux imprimeurs supprimés.

11. Les sommes payées par les imprimeurs conservés, tant pour l'achat des presses que pour l'indemnité des imprimeurs supprimés, seront versées à la caisse d'amortissement; savoir, le premier quart comptant et en espèces, les trois quarts en effets payables à quatre, huit et douze mois : les valeurs n'en seront tirées, pour être réparties aux imprimeurs supprimés, que sur les mandats du président de la commission, visés par le directeur général de la librairie.

12. Tout créancier des imprimeurs supprimés pourra faire opposition à la caisse d'amortissement pour la conservation de ses droits.

TITRE III. — *De la commission.*

13. La commission dont il est parlé à l'article 9, sera composée de l'inspecteur de l'imprimerie impériale, qui la présidera; d'un auditeur au Conseil d'état, de deux inspecteurs de la librairie, et de deux imprimeurs brevetés.

14. Cette commission sera chargée de faire et d'ordonner toutes les opérations nécessaires à la fixation du prix de l'acquisition des presses, à la fixation des indemnités, et à leur réparatition entre les imprimeurs supprimés.

15. Toutes les décisions de la commission seront soumises à notre directeur général, pour être approuvées par lui, s'il y a lieu, après avoir entendu les parties intéressées. En cas de réclamations, elles seront portées devant notre ministre de l'intérieur, qui décidera définitivement.

16. Notre ministre de l'intérieur est chargé de l'exécution du présent décret, qui sera inséré au Bulletin des Lois.

ART. 5. — Voy. ci-après le décret du 2 février 1811, sur les brevets, et les notes sur l'art. 11 de la loi du 21 octobre 1814, confirmatif de la présente disposition.

ART. 6. —Voy. les notes sur les art. 3 et 4.

7. Lorsqu'il viendra à vaquer des places d'imprimeurs, soit par décès, soit autrement, ceux qui leur succéderont ne pourront recevoir leurs brevets et être admis au serment qu'après avoir justifié de leur capacité, de leurs bonnes vie et mœurs, et de leur attachement à la patrie et au souverain.

8. On aura, lors des remplacemens, des égards particuliers pour les familles des imprimeurs décédés.

9. Le brevet d'imprimeur sera délivré par notre « directeur général de l'imprimerie », et soumis à l'approbation de notre ministre de l'intérieur; il sera enregistré au tribunal civil du lieu de la résidence de l'impétrant, qui y prêtera serment de ne rien imprimer de contraire aux devoirs envers le souverain et à l'intérêt de l'état.

TITRE III. — *De la police de l'imprimerie.*

Sect. 1re. — *De la garantie de l'administration.*

« 10. Il est défendu de rien imprimer « ou faire imprimer qui puisse porter at« teinte aux devoirs des sujets envers le « souverain et à l'intérêt de l'état. Les « contrevenans seront traduits devant nos « tribunaux et punis conformément au « Code pénal, sans préjudice du droit « qu'aura notre ministre de l'intérieur, « sur le rapport du directeur général, de « retirer le brevet à tout imprimeur qui « aura été pris en contravention.

« 11. Chaque imprimeur sera tenu d'a« voir un livre coté et paraphé par le pré« fet du département, où il inscrira, par « ordre de date, le titre de chaque ou« vrage qu'il voudra imprimer, et le nom « de l'auteur, s'il lui est connu. Ce livre « sera représenté à toute réquisition, et « visé, s'il est jugé convenable, par tout « officier de police.

« 12. L'imprimeur remettra ou adressera « sur-le-champ au directeur général de « l'imprimerie et de la librairie, et, en « outre, aux préfets, copie de la transcrip« tion faite sur son livre, et la déclaration « qu'il a l'intention d'imprimer l'ouvrage: « il lui en sera donné récépissé.

« Les préfets donneront connaissance de « chacune de ces déclarations à notre mi« nistre de la police.

« Le directeur général pourra ordonner, « si bon lui semble, la communication et « l'examen de l'ouvrage, et surseoir à « l'impression.

« 14. Lorsque le directeur général aura « sursis à l'impression d'un ouvrage, il « l'enverra à un censeur choisi parmi ceux « que nous nommerons, pour remplir cette « fonction, sur l'avis du directeur général « et la proposition de notre ministre de « l'intérieur.

« 15. Notre ministre de la police géné« rale et les préfets dans leurs départe« mens, feront surseoir à l'impression de « tous ouvrages qui leur paraîtront en « contravention à l'art. 10. En ce cas, le « manuscrit sera envoyé, dans les vingt« quatre heures, au directeur général, « comme il est dit ci-dessus.

« 19. Sur le rapport du censeur, le di« recteur général pourra indiquer à l'au« teur les changemens ou suppressions ju« gés convenables, et, sur son refus de les « faire, défendre la vente de l'ouvrage, « faire rompre les formes et saisir les feuil« les ou exemplaires déjà imprimés.

« 17. En cas de réclamation de l'auteur, « elle sera adressée à notre ministre de « l'intérieur, et il sera procédé à un nou« vel examen.

« 18. Un nouveau censeur en sera char« gé; il rendra compte au directeur gé« néral, lequel, assisté du nombre de cen« seurs qu'il jugera à propos de s'adjoin« dre, décidera définitivement.

« 19. Lorsque le directeur général ju« gera qu'un ouvrage qu'on se propose « d'imprimer, intéresse quelque partie du « service public, il en préviendra le minis« tre du département auquel l'objet de cet « ouvrage sera relatif, et sur la demande

---

ART. 7. — Voy. art. 33.

ART. 8. — Voy. la note sur l'art 11 de la loi du 21 octobre 1814.

ART. 9. — Voy. art. 5 et ci-après, le décret du 2 février 1811.

TITRE III. — Ce titre, ainsi que les titres 5 et 7, avait été maintenu *provisoirement* par l'ordonnance du 10 juin 1814. Les dispositions en ont été depuis, soit modifiées par les lois du 21 octobre 1814 et 17 mai 1819, soit abrogées par l'abolition de la censure, ainsi que nous l'indiquons sur les divers articles.

ART. 10. — Modifié dans la dernière partie par l'art. 12 de la loi du 21 octobre 1824. V. la loi du 17 mai 1819, art. 24, qui remplace en l'abrogeant le présent art. 10.

ART. 11 à 28. — Abrogés par l'art. 7 de la charte, ils constituent l'organisation de la *censure*. D'ailleurs ils avaient été remplacés par le titre 1er de la loi du 21 octobre 1814, qui n'était que temporaire et qui n'existe plus.

« de ce ministre, il en ordonnera l'exa-« men.

» 20. Si nos ministres sont informés, « autrement que par le directeur général, « qu'un auteur ou un imprimeur se propose « d'imprimer un ouvrage qui intéresse « quelque partie de leurs attributions et « qui doive être soumis à l'examen, ils « requerront le directeur général d'ordon-« ner qu'il soit examiné.

« Le résultat de cet examen sera com-« muniqué au ministre du département; « et, en cas de diversité d'opinions, il nous « en sera rendu compte par notre minis-« tre de l'intérieur.

Sect. II. — *De la garantie des auteurs et imprimeurs.*

« 21. Tout auteur ou imprimeur pourra, « avant l'impression, soumettre à l'examen « l'ouvrage qu'il veut imprimer ou faire « imprimer; il lui en sera donné un récé-« pissé, à Paris, au secrétariat du direc-« teur général, et dans les départemens, « au secrétariat de la préfecture.

» 22. Il en sera usé dans ce cas comme « il est dit aux articles 14, 15, 16, 17 « et 18.

Sect. III. — *Dispositions relatives à l'exécution des deux sections précédentes.*

» 23. Lorsque le directeur général pen-« sera qu'il n'y a pas lieu à examiner un « ouvrage, et qu'aucun de nos ministres « n'en aura provoqué l'examen, le direc-« teur général enverra un récépissé de la « feuille de transcription du registre de « l'imprimeur; et il pourra alors être don-« né suite à l'impression.

« 24. Lorsque l'ouvrage que l'imprimeur « aura déclaré vouloir imprimer aura été « examiné, soit d'office, soit sur la de-« mande d'un de nos ministres, soit d'a-« près un sursis ordonné par le ministre « de la police et les préfets dans leurs dé-« partemens, soit enfin sur la demande de « l'auteur, et qu'il n'y aura été rien trouvé « de contraire aux dispositions de l'arti-« cle 10, il en sera dressé procès-verbal « par le censeur, qui paraphera l'ouvrage, « et copie du procès-verbal, visée par le « directeur général, sera transmise, selon « le cas, à l'auteur ou à l'imprimeur.

« 25. Si le directeur général, sur l'avis « du censeur, a décidé qu'il y a lieu à des « changemens ou suppressions, il en sera « fait mention audit procès-verbal, et l'au-« teur ou l'imprimeur seront tenus de s'y « conformer.

« 26. La vente et circulation de tout « ouvrage dont l'auteur ou éditeur ne pour-« ra représenter un tel procès-verbal, « pourra être suspendue ou prohibée, en « vertu d'une décision de notre ministre « de la police, ou de notre directeur de « l'imprimerie, ou des préfets, chacun « dans leur département, et, en ce cas, « les éditions ou exemplaires pourront « être saisis ou confisqués entre les mains « de tout imprimeur ou libraire.

« 27. La vente et circulation de tout ou-» vrage dont l'auteur, éditeur ou impri-« meur pourra représenter le procès-ver-« bal dont il est parlé à l'article 24, ne « pourra être suspendue, et les exemplaires « provisoirement mis sous le séquestre, « que par notre ministre de la police.

« En ce cas, et dans les vingt-quatre « heures, notre ministre de la police trans-« mettra à la commission du contentieux « de notre conseil d'état un exemplaire « dudit ouvrage, avec l'exposé des motifs « qui l'ont déterminé à en ordonner la « suspension.

« 28. Le rapport et l'avis de la commis-« sion du contentieux seront renvoyés à « notre conseil d'état pour être statué dé-« finitivement.

Titre iv. — *Des libraires.*

29. A dater du premier janvier 1811, les libraires seront brévetés et assermentés.

30. Les brevets de libraires seront déli-vrés par notre « *directeur général* » de l'im-primerie, et soumis à l'approbation de notre ministre de l'intérieur; ils seront enregis-trés au tribunal civil du lieu de la rési-dence de l'impétrant, qui y prêtera ser-ment « *de ne vendre, débiter et distribuer aucun ouvrage contraire aux devoirs envers le souverain et à l'intérêt de l'état.* »

31. La profession de libraire pourra être exercée concurremment avec celle d'imprimeur.

32. L'imprimeur qui voudra réunir la profession de libraire sera tenu de rem-plir les formalités qui sont imposées aux libraires.

Le libraire qui voudra réunir la profes-sion d'imprimeur, sera tenu de remplir les formalités qui sont imposées aux impri-meurs.

33. Les brevets ne pourront être accor-

Art. 29. — Voy. ci-après, les décrets du 2 février 1811 et 11 juillet 1812, et la loi du 21 octobre 1814, art. 11.

Art. 30. — Voy. l'ordonnance du 24 oc-tobre 1834.

Art. 33. — Voy. l'art. 7

dés aux libraires qui voudront s'établir à l'avenir, qu'après qu'ils auront justifié de leurs bonnes vie « et mœurs et de leur attachement à la patrie et au souverain. »

TITRE V. — *Des livres imprimés à l'étranger.*

34. Aucun livre en langue française ou latine imprimé à l'étranger ne pourra entrer en France sans payer un droit d'entrée.

« 35. Ce droit ne pourra être au-des-« sous de cinquante pour cent de la valeur « de l'ouvrage. »

Le tarif en sera rédigé par le « *directeur général de la librairie, et délibéré en notre conseil d'état, sur le rapport de notre ministre de l'intérieur.* »

36. Indépendamment des dispositions de l'article 34, aucun livre imprimé ou réimprimé hors de la France ne pourra être introduit en France sans une permission du « *directeur général* de la librairie, » annonçant le bureau de douane par lequel il entrera.

37. En conséquence, tout ballot de livres venant de l'étranger sera mis, par le préposé des douanes, sous corde et sous plomb, et envoyé à la préfecture la plus voisine.

« 38. Si les livres sont reconnus confor-« mes à la permission, chaque exemplaire, « ou le premier volume de chaque exem-« plaire, sera marqué d'une estampille au « lieu du dépôt provisoire », et ils seront remis au propriétaire.

TITRE VI. — *De la propriété et de sa garantie.*

39. Le droit de propriété est garanti à l'auteur et à sa veuve pendant leur vie, si les conventions matrimoniales de celle-ci lui en donnent le droit, et à leurs enfans pendant vingt ans.

40. Les auteurs, soit nationaux, soit étrangers, de tout ouvrage imprimé ou gravé, peuvent céder leur droit à un imprimeur ou libraire, ou à toute autre personne, qui est alors substituée en leur lieu et place pour eux et leurs ayant-cause, comme il est dit à l'article précédent.

TITRE VII.

Sect. 1re. — *Des délits en matière de librairie, et du mode de les punir et de les constater.*

41. Il y aura lieu à confiscation et amende au profit de l'état, dans les cas suivans, sans préjudice des disposions du Code pénal ;

« 1° Si l'ouvrage est sans nom d'auteur « ou d'imprimeur ;

« 2° Si l'auteur ou l'imprimeur n'a pas « fait, avant l'impression de l'ouvrage, « l'enregistrement et la déclaration pres-« crite aux articles 11 et 12 ;

» 3° Si, l'ouvrage ayant été demandé « pour être examiné, on n'a pas suspendu « l'impression ou la publication ;

» 4° Si, l'ouvrage ayant été examiné, « l'auteur ou l'imprimeur se permet de le « publier, malgré la défense prononcée par « le directeur général ;

» 5° Si l'ouvrage est publié malgré la « défense du ministre de la police géné-« rale, quand l'auteur, éditeur, ou impri-« meur n'a pu représenter le procès-ver-« bal dont il est parlé art. 24 ;

6° Si, étant imprimé à l'étranger, il est

ART. 34 et 35. — Les impôts doivent être votés par les chambres. Les tarifs font partie des budgets. La loi de douane du 27 mars 1817, a fixé ainsi qu'il suit le tarif de ces droits :

Livres imprimés à l'étranger, en langue morte ou étrangère, 10 francs les 100 kilog. Ceux imprimés en langue française, *mémoires scientifiques* 50 francs, *ouvrages publiés* 100 francs, *réimpression légale d'ouvrages publiés en France* 150 francs. *Contrefaçons* prohibées. (A ces droits il faut ajouter le supplément de 10 ou de 20 centimes, imposé par l'article 7 de la loi du 28 avril 1816.) Ces droits tiendront lieu de tous ceux perçus jusqu'à ce jour, et seront affectés aux dépenses de la surveillance de la librairie. Les livres devant acquitter moins de 150 francs de droits seront emballés séparément et par espèce. Diverses ordonnances du roi. règlent les formalités à observer pour l'introduction et la vérification des livres.

ART. 36. — La permission préalable n'est plus nécessaire.

Les bureaux d'entrée, déterminés par la loi du 27 mars 1817, sont : Valenciennes, Strasbourg, Pont de Beauvoisin, Bayonne et Calais.

ART. 38. — Il n'existe plus que dans sa dernière partie. Les livres sont maintenant remis au propriétaire, après examen à la préfecture, qui constate la sincérité de la déclaration et les droits à payer.

ART. 39 et 40 — V. la loi du 19 juillet 1793, sur la propriété littéraire.

ART. 41. — Modifié par les art. 15 et suivans de la loi du 21 octobre 1814.

ART. 41, 1° et 2°. — Remplacés par l'art. 15 de la loi du 21 octobre 1814.

présenté à l'entrée « *sans permission, ou circule sans être estampillé;* »

7° Si c'est une contrefaçon, c'est-à-dire si c'est un ouvrage imprimé sans le consentement et au préjudice de l'auteur ou éditeur, ou de leurs ayant-cause.

42. Dans ce dernier cas, il y aura lieu en outre à des dommages-intérêts envers l'auteur ou éditeur, ou leurs ayant-cause, et l'édition ou les exemplaires contrefaits seront confisqués à leur profit.

43. Les peines seront prononcées, et les dommages-intérêts seront arbitrés par le tribunal correctionnel ou criminel, selon les cas et d'après les lois.

44. Le produit des confiscations et des amendes sera appliqué, ainsi que le produit du droit sur les livres venant de l'étranger, aux dépenses de la direction « générale » de l'imprimerie et librairie.

Section II. — *Du mode de constater les délits et contraventions.*

45. Les délits et contraventions seront constatés par « *les inspecteurs de l'imprimerie et de la librairie* », les officiers de police, et en outre par les préposés aux douanes, pour les livres venant de l'étranger.

Chacun dressera procès-verbal de la nature du délit et contravention, des circonstances et dépendances, et le remettra au préfet de son arrondissement, pour être adressé au « *directeur général.* »

46. Les objets saisis seront déposés provisoirement au secrétariat de la mairie ou au commissariat général de la sous-préfecture ou de la préfecture la plus voisine du lieu où le délit ou la contravention sont constatés, sauf l'envoi ultérieur à qui de droit.

47. Nos procureurs généraux ou impériaux seront tenus de poursuivre d'office dans tous les cas prévus à la section précédente, sur la simple remise qui leur sera faite d'une copie des procès-verbaux dûment affirmés.

TITRE VIII. — *Dispositions diverses.*

48. Chaque imprimeur sera tenu de déposer à la préfecture de son département, et à Paris, à la préfecture de police, « *cinq exemplaires de chaque ouvrage* »; savoir :

Un pour la Bibliothèque impériale, un pour le ministre de l'intérieur, « *un pour la bibliothèque de notre Conseil-d'Etat, un pour le directeur général de la librairie.* »

49. Il sera statué par des réglemens particuliers, comme il est dit à l'article 3, sur ce qui concerne :

1° Les imprimeurs et libraires, leur réception et leur police;

2° Les libraires étaleurs, lesquels ne sont pas compris dans les dispositions ci-dessus;

3° Les fondeurs de caractères;

4° Les graveurs;

5° Les relieurs et ceux qui travaillent dans toutes les autres parties de l'art ou du commerce de l'imprimerie et librairie.

50. Ces réglemens seront proposés et arrêtés en Conseil d'Etat, sur la proposition du « directeur général » de la librairie et le rapport de notre ministre de l'intérieur.

51. Nos ministres sont chargés, chacun en ce qui le concerne, de l'exécution de notre présent décret, qui sera inséré au Bulletin des Lois.

DÉCRET DU 6 JUILLET 1810.

Sur l'impression des lois.

[Empire.]

ART. Ier. Il est défendu à toutes personnes d'imprimer et débiter les sénatus-consultes, codes, lois et réglemens d'ad-

---

ART. 41, 3°, 4°, 5°. — Abolis avec la censure.

ART. 41, — 6°. V. les notes sur les art. 36 et 38

ART. 44. — V. la loi du 21 octobre 1814, art. 45 et suivans, et la loi du 19 juillet 1793, art. 4 et 5.

ART. 45.—V. les notes sur l'art. 20, loi du 21 octobre 1814. Les inspecteurs de la librairie ont été supprimés par ordonnance du 13 septembre 1829, et leurs fonctions transférées aux commissaires de police.

ART. 47. — V. les notes sur l'art. 21, même loi.

ART 48. — V. les notes sur l'art. 14, loi du 21 octobre 1814, et l'art. 4, ordonnance du 24 du même mois.

ART. 49 et 50. — Ces réglemens n'ont point été faits. V. les notes sur l'art. 11, loi du 21 octobre 1814.

Décret du 6 juillet 1810.

Une ordonnance du 28 décembre 1814, avait donné au gouvernement le *monopole* de l'impression des lois. L'art. 8 portait :

L'imprimerie royale restera *exclusivement* chargée, 1°... 3° de l'impression, distribution, et débit des lois, ordonnances, réglemens et actes quelconques de l'autorité royale, renouvelant à cet effet, en tant que de besoin, les dispositions des arrêts du conseil du mois d'août 1717 et du 26 mars 1789.

ministration publique, avant leur insertion et publication, par la voie du bulletin au chef-lieu de département.

2. Les éditions faites en contravention de l'article précédent, seront saisies à la requête de nos procureurs-généraux, et la confiscation en sera prononcée par le tribunal de police correctionnelle.

—

DÉCRET DU 18 NOVEMBRE 1810.

Sur les imprimeurs supprimés.

(Voyez-en le texte en note sous l'article 3 du décret du 5 février 1810.)

—

DÉCRET DU 2 FÉVRIER 1811

Relatif aux Brevets à délivrer aux Imprimeurs.

[Empire.]

ART. 1er. Les brevets d'imprimeur seront délivrés sur parchemin par notre « *directeur-général de l'imprimerie*, » en la forme voulue par l'article 9 de notre décret du 5 février 1810, suivant le modèle ci-joint.

2. Les frais d'expédition des brevets demeurent fixés à 50 fr. pour Paris, et 25 fr. pour les autres villes de l'empire.

3. Les brevets ne seront remis aux impétrans que sur le vu de la quittance des frais d'expédition.

4. Ces fonds seront réunis aux fonds spéciaux affectés aux dépenses générales de l'imprimerie et de la librairie.

5. Notre ministre de l'intérieur est chargé de l'exécution du présent décret, qui sera inséré au Bulletin des Lois.

—

DÉCRET DU 14 OCTOBRE 1811.

Portant création d'un journal officiel de l'imprimerie et de la librairie [a].

[Empire.]

Napoléon, etc., voulant prévenir plus efficacement que par le passé la publicité des ouvrages prohibés ou non permis, donner aux libraires les moyens de distinguer les livres défendus et ceux dont le débit est autorisé et empêcher qu'ils ne soient inquiétés pour raison de la vente des derniers ouvrages; — sur le rapport de notre ministre de l'intérieur, nous avons décrété et décrétons ce qui suit :

« 1° La direction générale de l'imprimerie est autorisée à publier un journal dans lequel seront annoncées toutes les éditions d'ouvrages imprimés ou gravés qui seront faites à l'avenir, avec le nom des éditeurs et des auteurs, si ces derniers sont connus; le nombre d'exemplaires de chaque édition et le prix de l'ouvrage. — Elle y fera insérer aussi, avant la publication des ouvrages, les déclarations qui auront été faites par les libraires, pour la réimpression des livres du domaine public.

« 2° Les fonds provenant des abonnemens au journal de la librairie seront affectés aux dépenses de la direction générale.

« 3° Conformément aux dispositions de l'article 12 de l'arrêt du conseil du 16 avril 1785, il est défendu à tous auteurs et éditeurs, directeurs et rédacteurs de gazette, journaux, affiches, feuilles périodiques et autres papiers publics, tant à Paris que dans les départemens, d'annoncer, sous tel prétexte que ce peut être, aucun ouvrage imprimé ou gravé, si ce n'est après qu'il aura été annoncé par le journal de la librairie, en se conformant pour le prix de l'ouvrage à celui qui aura été indiqué dans ce journal, à peine de 200 francs d'amende pour la première contravention arbitraire, ainsi que de déchéance de leurs permissions, en cas de récidive; même telle autre peine qu'il appartiendra s'il s'agissait d'ouvrages non permis ou prohibés.

« 4° Notre ministre de l'intérieur est

Ce dernier arrêt de 1789 défendait l'impression et la vente des actes de l'autorité à tous imprimeurs ou libraires, autres que ceux choisis par l'imprimerie royale, sous peine d'amende, confiscation, et autres plus grandes peines s'il y échéait.

Une ordonnance du 12 janvier 1820, a conservé à l'imprimerie royale l'attribution *exclusive* qui lui était donnée par l'ordonnance de 1814, seulement pour l'impression et la distribution du *Bulletin des lois*. — En conséquence, dit l'art. 3 de l'ordonnance de 1820, il est permis à tous imprimeurs ou libraires, d'imprimer et de débiter les lois et ordonnances du royaume aussitôt après leur publication officielle au Bulletin des lois.

Décret du 2 février 1811.

ART. 1er. — La délivrance des brevets est aujourd'hui dans les attributions du ministre de l'intérieur. (Ordonnance du 6 avril 1834.)

V. l'art. 11 de la loi du 21 octobre 1814, et les notes.

[a] Abrogé. V. la note sur l'art. 12 de l'ord. du 24 octobre 1814. V. l'art. 3 de l'ord. du 9 sep. 1835 sur les gravures.

« chargé de l'exécution du présent dé-
« cret. »

—

DÉCRET DU 11 JUILLET 1812,

Sur les Brevets de Libraires.

[Empire.]

ART. 1er. Les dispositions de notre décret du 2 février 1811, relatives aux brevets des imprimeurs, sont déclarées applicables et rendues communes aux libraires.

2. Leur brevet sera conforme au modèle ci-annexé.

3. Ne sont pas compris dans ces dispositions les libraires-étaleurs-bouquinistes.

4. Notre ministre de l'intérieur est chargé de l'exécution du présent décret, qui sera inséré au Bulletin des Lois.

—

ORDONNANCE DU 10 JUIN 1814.

Qui maintient provisoirement les lois, décrets et réglemens par lesquels il a été pourvu jusqu'à ce jour à la répression des abus de la presse.

[Louis XVIII, M. d'Ambray, chancelier.]

L'article 8 de la Charte constitutionnelle obligeant *ceux qui publieront et feront imprimer leurs opinions à se conformer aux lois qui doivent réprimer les abus de cette liberté*, nous nous sommes fait rendre compte des lois pénales actuellement existantes contre les délits qui se peuvent commettre par la voie de la presse, et nous avons reconnu qu'elles sont à la fois insuffisantes et trop rigoureuses. Un de nos premiers soins va être de concerter avec les deux chambres, durant la présente session, une loi nouvelle qui concilie les intérêts d'une sage liberté, dont nous nous plaisons à reconnaître l'importance et la nécessité, avec le maintien de l'ordre public et le respect dû aux institutions établies. Jusqu'à ce que cette loi soit portée, il est indispensable de continuer à maintenir les réglemens par lesquels il a été pourvu jusqu'à ce jour à la répression des abus de la presse.

A ces causes, Nous avons ordonné et ordonnons ce qui suit :

« Les lois, décrets et réglemens relatifs
« à l'usage de la presse et aux délits qui se
« peuvent commettre par cette voie, no-
« tamment les titres III, V et VII du dé-
« cret du 5 février 1810, contenant régle-
« ment sur l'imprimerie et la librairie,
« seront provisoirement exécutés selon leur
« forme et teneur, jusqu'à ce qu'il en ait
« été autrement ordonné. »

—

LOI DU 21 OCTOBRE 1814.

Relative à la liberté de la Presse.

[Louis XVIII. — M. d'Ambray].

TITRE I. *De la Publication des Ouvrages.*

« ART. 1er Tout écrit de plus de vingt
» feuilles d'impression pourra être publié
» librement et sans examen ou censure
» préalable.

» 2. Il en sera de même, quelque soit
» le nombre de feuilles ;

» 1° Des écrits en langues mortes et
» en langues étrangères ;

» 2° Des mandemens, lettres pastorales,
» catéchismes et livres de prières ;

» 3° Des mémoires sur procès, signés
» d'un avocat ou d'un avoué près les cours
» et tribunaux ;

» 4° Des mémoires des sociétés littérai-
» res et savantes établies ou reconnues par
» le Roi ;

« 5° Des opinions des membres des deux
» Chambres.

» 3. A l'égard des écrits de vingt feuilles
» et au-dessous non désignés en l'article
» précédent, le directeur général de la li-
» brairie de Paris, et les préfets, dans les
» départemens, pourront ordonner, selon
» les circonstances, qu'ils soient commu-
» niqués avant l'impression.

Ordonnance du 10 juin 1814.

La loi du 21 octobre 1814 a fait cesser l'effet de cette ordonnance.

Loi du 21 octobre 1814.

Présentation à la *chambre des députés* le 5 juillet. — Rapport le 1er août. — Discussion du 6 au 11 août. — Adoption le 11.

Adoption à la *chambre des pairs* le 1er septembre. — Sanction le 21. — Promulgation le 23.

TITRE 1er — D'après l'article 22 de la présente loi, ce titre qui organisait la censure devait cesser d'avoir son effet à la fin de la session de 1816, s'il n'était pas renouvelé. Il ne l'a point été. D'ailleurs les lois postérieures l'ont abrogé implicitement.

» 4. Le directeur général de la librairie » fera examiner par un ou plusieurs cen- » seurs choisis entre ceux que le Roi aura » nommés, les écrits dont il aura requis la » communication, et ceux que les préfets » lui auront adressés.

» 5. Si deux censeurs au moins jugent » que l'écrit est un libelle diffamatoire, » ou qu'il peut troubler la tranquillité pu- » blique, ou qu'il est contraire à la Charte » constitutionnelle, ou qu'il blesse les » bonnes mœurs, le directeur général de » la librairie pourra ordonner qu'il soit » sursis à l'impression.

» 6. Il sera formé, au commencement de » chaque session des deux Chambres, une » commission composée de trois pairs, trois » députés des départemens, élus par leur » Chambre respective, et trois commissai- » res du Roi.

» 7. Le directeur général de la librairie » rendra compte à cette commission, des » sursis qu'il aura ordonnés depuis la fin de » la session précédente, et il mettra sous » ses yeux l'avis des censeurs.

» 8. Si la commission estime que les mo- » tifs d'un sursis sont insuffisans, ou qu'ils » ne subsistent plus, il sera levé par le di- » recteur de la librairie.

» 9. Les journaux et écrits périodiques ne » pourront paraître qu'avec l'autorisation » du Roi.

» 10. Les auteurs et imprimeurs pour- » ront requérir, avant la publication d'un » écrit, qu'il soit examiné en la forme » prescrite par l'art. 4 : s'il est approuvé, » l'auteur et l'imprimeur sont déchargés » de toute responsabilité, si ce n'est en- » vers les particuliers lésés. »

TITRE II. — *De la police de la presse.*

11. Nul ne sera imprimeur ni libraire

TITRE II. — Ce titre est confirmé par l'art. 24 de la loi du 17 mai 1819 qui s'y réfère. Depuis 1830 on avait prétendu qu'il etait implicitement abrogé par la Charte qui interdit à tout jamais la censure. Mais la cour de cassation a décidé plusieurs fois qu'il devait recevoir son application. La déclaration et le dépôt qu'il ordonne ne constituent rien qui ressemble à la censure. Nous citerons entre autres deux arrêts des 14 juin et 18 juillet 1833. (Bull., p. 297 et 355 ; Sirey, 1833-1-791 et 876 ; Dalloz, 1833-1-314 et 339).

ART. 11. — I. Quant à la forme du brevet, V. la loi du 5 février 1810, art. 9, 30, 31, 33; les décrets des 2 février 1811 et 11 juillet 1812.

II. *A quelles personnes s'applique l'obligation de prendre un brevet.*

Sont assimilés aux imprimeurs ou aux libraires, et tenus de se munir d'un brevet :

1° Les imprimeurs *lithographes.* (Ordonnance du 8 octobre 1817).

2° Les *Bouquinistes* qui vendent dans leur domicile (arrêt C. C. du 8 décembre 1826 ; Bull., p. 727; Dalloz, 1827-1-359; Sirey, 1827).

3° Les *loueurs* de livres. (Arrêt C. C. du 30 décembre 1326; Bull., p. 760; Dalloz, 1827-1-368).

4° Les *colporteurs* qui vendent, soit par eux mêmes, soit par leurs domestiques. (Arrêt C. C. du 10 novembre 1826; Bull., p. 624 ; Sirey, 1827-1-373; Dalloz, 1827-1-330; — et du 3 mars 1827 ; Bull., p. 143 ; Sirey, 1827-1-477; Dalloz, 1827-1-159).

5° Les *marchands-merciers* qui vendent des *a b c*, almanachs ou petites heures. Ils ne sont dispensés du brevet qu'autant que ces ouvrages n'excèdent pas deux feuilles d'impression, caractère *cicero.* (Arr. C. C. du 26 juin 1824; Bull., n° 86).

Ne sont point soumis au brevet :

1° Les *libraires-étaleurs bouquinistes* aussi appelés *étalagistes.* (Décret du 5 février 1810, art. 49, 2° et du 11 juillet 1812, art. 3). Ils doivent obtenir de l'autorité locale une permission toujours révocable.

2° Les marchands de *gravures et d'estampes.* (Arrêt précité du 3 mars 1827).

3° Les *auteurs* qui, en qualité de propriétaires, peuvent vendre par eux-mêmes ou par leurs cessionnaires ou ayant-droit, seulement leurs ouvrages. Cette faculté de droit commun leur avait d'ailleurs été concédée comme privilége par l'art. 5 du réglement du 30 août 1777, non abrogé, et qu'il faut appliquer en vertu du système consacré par la cour de cassation et par l'ordonnance d'interprétation du 1er septembre 1827 ci-dessous cités, même note.

III. *Propriété et usage du brevet.*

Les brevets d'imprimeur ou de libraire sont *personnels.* Néanmoins la veuve de l'imprimeur ou du libraire peut continuer l'exploitation de l'industrie de son mari, *tant qu'elle reste en viduité.* (Arr. C. C. 2 juin 1827. Sirey, 27-1-466; Dalloz, 1817-1-263).

Ce droit est fondé sur l'art. 55 du réglement de 1723. (V. ci-dessous, même note).

Le brevet est donné pour un *lieu déterminé*; ainsi le libraire ne peut pas céder un brevet, en tout ou en partie, à un tiers, et faire ouvrir boutique dans une autre ville, par un individu qui se qualifierait son commis. (Arr. C. C. 15 mai 1823 ; Bull., p. 189; Dalloz. jurisp. gén. v. *presse,* p. 340; et 28

s'il n'est breveté par le Roi, et assermenté.

12. Le brevet pourra être retiré à tout imprimeur ou libraire qui aura été convaincu, par un jugement, de contravention aux lois et réglemens.

---

avril 1827; Bull., p. 285; Sirey, 1828-1-87).

Ainsi encore un libraire peut prendre des associés pour son commerce; mais il ne peut se démettre en faveur d'un tiers de l'exercice de sa profession, ni déléguer la gestion de sa librairie. (Arr. C. C. 28 juillet 1827; Bull., p. 656; Sirey, 1818-1-30).

IV. *Pénalité en cas d'exercice de la librairie sans brevet.*

L'art. 13 de la présente loi prononce bien une peine contre les *imprimeurs* non autorisés. Mais aucune disposition de cette loi ou de celles postérieures ne prononce aucune peine contre ceux qui exercent la *librairie* sans brevet. En sorte que la prescription du brevet se trouverait dépourvue de sanction, à moins qu'on appliquât à cette circonstance l'art. 484 du code pénal, qui maintient, pour les matières qu'il n'a pas réglées, les lois et réglemens particuliers qui les régissent.

Dans ce cas, il faudrait recourir à un réglement du 28 février 1723, titre II, art. 4, qui prononçait une amende de 500 francs, contre ceux qui vendaient des livres sans autorisation.

La question de l'application de ce réglement avait divisé les cours royales et les tribunaux. Mais à la suite de deux arrêts successifs de la cour de cassation, il en a été référé au gouvernement, en vertu de l'art. 440 du code d'instruction criminelle et de la loi du 16 septembre 1807, sur l'interprétation des lois (depuis remplacée par la loi du 30 juillet 1828). Il a été statué sur ce référé par une ordonnance du 1er septembre 1827, dont voici le texte:

ORDONNANCE DU 1er SEPTEMBRE 1827.

Portant que l'art. 4 du tit. II du réglement de 1723 doit recevoir son exécution.

(Charles X. — M. de Peyronnet.)

Sur le rapport de notre garde des sceaux, ministre secrétaire d'état au département de la justice, relatif au référé prononcé par arrêt de notre cour de cassation du 19 mai 1827, ledit référé motivé sur ce qu'il y a lieu à l'interprétation de la loi, attendu qu'après l'annulation de deux jugemens en dernier ressort rendus dans l'instance dirigée à la requête du ministère public contre le sieur *Teste*, prévenu d'avoir exercé le commerce de la librairie sans être breveté par nous, ni assermenté, notre procureur-général près notre cour royale d'Orléans a attaqué — par les même moyens qui avaient été employés contre le jugement en dernier ressort du tribunal correctionnel de Draguignan, et l'arrêt de notre cour royale de Nîmes rendus dans la même affaire et entre les mêmes parties, — l'arrêt rendu, le 11 décembre 1836, par notre dite cour royale d'Orléans, en exécution de l'arrêt de notre dite cour de cassation qui avait envoyé devant elle lesdites parties et les pièces de la procédure;

Vu l'article 440 du Code d'instruction criminelle, ainsi conçu: « Lorsqu'après une première cassa- « tion le second arrêt ou jugement sur le fond sera at- « taqué par les mêmes moyens, il sera procédé selon « les formes prescrites par la loi du 16 septem- « bre 1807; »

Vu la loi du 16 septembre 1807;

Vu l'avis du Conseil-d'état du 27 novembre 1823, approuvé par le roi, le 17 décembre suivant;

Vu le jugement rendu en dernier ressort, le 6 décembre 1823, par le tribunal de première instance de Draguignan, jugeant en police correctionnelle, ledit jugement confirmatif de celui rendu, le 10 septembre 1823, par le tribunal de première instance de Toulon, jugeant aussi en police correctionnelle, par lequel ledit sieur *Teste* a été renvoyé des poursuites du ministère public, avec de simples inhibitions et défenses de continuer le commerce de la librairie, mais sans aucune amende, à raison de son exercice de ce commerce sans brevet, par le motif que la peine portée par le réglement du 28 février 1723 avait été abrogée par la loi du 17 mars 1791, et n'avait pas été rétablie par la loi du 21 octobre 1814;

Vu l'arrêt de notre cour de cassation, chambre criminelle, en date du 22 janvier 1824, qui a cassé et annulé le jugement en dernier ressort du tribunal de première instance de Draguignan, et a renvoyé les parties et les pièces de la procédure devant notre Cour royale de Nîmes, chambre des appels de police correctionnelle, pour être de nouveau statué sur l'appel interjeté par le ministère public du jugement susénoncé du tribunal de première instance de Toulon, en ce qui concernait ledit sieur *Teste;*

Vu l'arrêt de notre Cour royale de Nîmes, chambre des appels de police correctionnelle, en date du 25 mas 1824, rendu en exécution de l'arrêt ci-dessus et confirmatif du jugement du tribunal de première instance de Toulon;

Vu l'arrêt de notre cour de cassation du 24 juin 1826, rendu les chambres réunies sous la présidence de notre garde des sceaux, ministre secrétaire d'état au département de la justice, qui a cassé et annulé ledit arrêt de notre cour royale de Nîmes et renvoyé les parties et les pièces de la procédure devant notre cour royale d'Orléans;

Vu l'arrêt de notre cour royale d'Orléans, chambre des appels de police correctionnelle, en date du 11 décembre 1826, rendu en exécution de l'arrêt ci-dessus et confirmatif du même jugement du tribunal de première instance de Toulon;

Vu l'arrêt sus-énoncé de notre cour de cassation du 19 mai 1827, qui prononce le référé dont est question;

Vu l'édit du mois d'août 1686, contenant réglement sur les imprimeurs et libraires de Paris, enregistré au parlement de Paris, le 21 du même mois, portant, article 6: « Défendons pareillement à toutes « personnes, autres qu'aux imprimeurs et librai- « res, de vendre et débiter aucuns livres, et de « les faire afficher pour les vendre en leurs noms, « soit qu'ils s'en disent les auteurs ou autrement, à « peine de cinq cents livres d'amende contre les « contrevenans et de confiscation desdits livres; »

Vu le réglement pour la librairie et imprimerie de Paris, arrêté au Conseil-d'état, le roi y étant, le 28 février 1723, portant, art. 4 du titre II: « Défenses

13. Les imprimeries clandestines seront détruites, et les possesseurs et dépositaires punis d'une amende de 10,000 fr. et d'un emprisonnement de six mois.

« sont faites à toutes personnes, de quelque qualité et condition qu'elles soient, autres que les libraires et imprimeurs, de faire le commerce des livres, en vendre et débiter aucuns, les faire afficher pour les vendre en leurs noms, soit qu'ils s'en disent les auteurs ou autrement; tenir boutique ou magasin de livres, acheter pour revendre en gros et en détail, en chambre et autres lieux, même sous prétexte de les vendre à l'encan, aucuns livres en blanc ou reliés, gros ou petits, neufs ou fripés, même de vieux papiers qu'on appelle à la rame et vieux parchemins, à peine de cinq cents livres d'amende, de confiscation et de punition exemplaire; »

Vu l'arrêt du Conseil d'état, rendu, le roi y étant, le 24 mars 1744, qui ordonne que le réglement du 28 février 1723 sera exécuté, selon sa forme et teneur, dans toutes les villes du royaume où il se fait un commerce de livres, et dans celles où il y a des imprimeries établies;

Vu la loi du 17 mars 1791, qui supprime tous brevets, et accorde à toute personne le droit d'exercer telle profession qu'elle trouvera bon, à la seule charge de se pourvoir d'une patente;

Vu le décret du 5 février 1810, qui porte, art. 29. « A dater du 1er janvier 1811, les libraires seront « brevetés et assermentés; »

Art. 49. « Il sera statué par des réglemens particuliers comme il est dit à l'art. 3, sur ce qui concerne 1° les imprimeurs et libraires, leur réception et leur police, etc.; »

Vu l'art. 484 du Code pénal, faisant partie du titre IV, promulgué le 2 mars 1810, lequel est ainsi conçu: « Dans toutes les matières qui n'ont pas été réglées par le présent code, et qui sont régies par des lois et réglemens particuliers, les cours et tribunaux continueront de les observer; »

Vu le décret du 13 mars 1810, qui déclare que le Code pénal sera exécuté à partir du 1er janvier 1811;

Vu la loi du 21 octobre 1814, portant au titre II, *de la police de la presse*, art. 11: « Nul ne sera imprimeur ni libraire s'il n'est breveté par le roi et assermenté; »

Art. 12. « Le brevet pourra être retiré à tout imprimeur ou libraire qui aura été convaincu, par un jugement, de contravention aux lois et réglemens; »

Art. 21. « Le ministère public poursuivra d'office les contrevenans devant les tribunaux de police correctionnelle, sur la dénonciation du directeur général de la librairie et la remise d'une copie des procès-verbaux; »

Considérant que le réglement du 28 février 1723 sur la police de la librairie, publié et enregistré dans les formes propres aux réglemens de cette nature, a eu force de loi et a été exécuté dans toute l'étendue du royaume aussi long-temps que l'exercice de la profession de libraire a été assujetti à l'obtention du brevet et à la prestation du serment;

Qu'aucune disposition de loi n'a prononcé l'abrogation de ce réglement;

Qu'à la vérité, par la loi du 17 mars 1791, le commerce de la librairie a été assujetti seulement à la patente, et soumis, pour les contraventions à cette formalité, à un autre genre de dispositions pénales; mais que, le décret du 5 février 1810 ayant établi, à partir du 1er janvier 1811, la double condition du brevet et du serment, ainsi qu'elle avait été prescrite par le réglement de 1723, les contrevenans à ce décret se sont trouvés, jusqu'aux nouveaux réglemens qu'il annonçait, replacés sous l'empire des dispositions répressives du réglement de 1723;

Que l'article 484 du Code pénal, promulgué postérieurement au décret du 5 février 1810 et rendu pareillement exécutoire à partir du 1er janvier 1811, a ordonné aux tribunaux de continuer d'observer les réglemens qui régissaient les matières non réglées par ce code;

Que le Code pénal n'a pas statué sur les contraventions aux réglemens de police de la librairie;

Que, depuis l'abrogation des anciennes ordonnances en matière criminelle, le droit public de la France n'a plus admis de peines arbitraires;

Qu'ainsi l'article 484 du Code pénal a maintenu l'art. 4 du titre II du réglement du 28 février 1723, dans les seules dispositions qui punissent de cinq cents francs d'amende et de la confiscation des livres saisis les personnes qui font le commerce de la librairie sans être brevetées et assermentées;

Considérant que les réglemens annoncés par le décret du 5 février 1810 n'ont pas été faits, et que la loi du 21 octobre 1814, en donnant une force nouvelle à ce décret, relativement au brevet et au serment des libraires, ne contient aucune disposition qui remplace la disposition pénale du réglement du 28 février 1723;

Que néanmoins l'art. 21 de cette loi, au titre II, *de la police de la presse*, enjoint au ministère public de poursuivre devant les tribunaux de police correctionnelle toutes les contraventions, et que celle dont il s'agit est spécifiée dans ce titre;

Qu'en n'attachant point une pénalité nouvelle à cette contravention, la loi du 21 octobre 1814 a implicitement maintenu la pénalité existante;

Que toutefois l'art. 18 de cette loi, en déclarant que les exemplaires saisis pour contravention à ladite loi seront restitués après le paiement des amendes, a supprimé la peine de la confiscation des livres saisis;

Notre conseil-d'état entendu,

Nous avons ordonné et ordonnons ce qui suit:

Art. 1er La peine de la contravention à la disposition de l'article 11 de la loi du 21 octobre 1814, en ce qui concerne le commerce de librairie, est celle de l'amende de cinq cinq cents francs portée en l'art. 4 du titre II du réglement du 28 février 1723;

2. Notre garde des sceaux, ministre secrétaire d'état au département de la justice, est chargé de l'exécution de la présente ordonnance, qui sera insérée au Bulletin des lois.

Art. 13 — applicable aux imprimeries lithographiques. (Ordonnance du 8 octobre 1817.) Néanmoins une circulaire du 16 juin 1830 (époque d'une grande sévérité dans l'application des lois de la presse), prescrit d'autoriser les presses lithographiques portatives ou d'une petite dimension.

Ce n'est pas seulement l'*usage* mais bien la *possession* même d'une presse clandestine, que l'art. 13 entend punir. (Arrêt C C. du 27 décembre 1833; (affaire Duguigny). V. la dissertation de M. Parant dans les lois sur la presse, page 43.

Sera réputée CLANDESTINE toute imprimerie non déclarée à la « *direction générale de la librairie*, » et pour laquelle il n'aura pas été obtenu de permission.

14. Nul imprimeur ne pourra imprimer un écrit avant d'avoir déclaré qu'il se propose de l'imprimer, ni le mettre en vente ou le publier, de quelque manière que ce soit, avant d'avoir déposé le nombre prescrit d'exemplaires, savoir : à Paris. « *au secrétariat de la direction générale* ; » et dans les départemens, au secrétariat de la préfecture.

15. Il y a lieu à saisie et séquestre d'un ouvrage,

1° Si l'imprimeur ne représente pas les récépissés de la déclaration et du dépôt ordonné en l'article précédent;

2° Si chaque exemplaire ne porte pas le vrai nom et la vraie demeure de l'imprimeur;

3° Si l'ouvrage est déféré aux tribunaux pour son contenu.

16. Le défaut de déclaration avant l'impression, et le défaut de dépôt avant la publication, constatés comme il est dit en

---

M. Parant est également d'avis qu'on peut tolérer les presses à cylindres qui servent à tirer des copies, sauf à prévenir les abus. Il se fonde sur la tolérance analogue du décret du 18 novembre 1810, (cité en note sous l'art. 3 du décret du 5 février 1810).

ART. 14. — I. La déclaration prescrite par cet article diffère de celle ordonnée par la loi du 5 février 1810, art. 11 et suivans, en ce que celle-ci devait être suivie d'une *autorisation* d'imprimer : c'était la censure.

Néanmoins, même sous ce régime, une instruction du directeur général (Sirey 1811-2-16) dispensait de la déclaration les ouvrages de ville, dits *bilboquets*, en y comprenant les mémoires ou factums signés par les avocats.

Une autre circulaire, déjà citée, en date du 16 juin 1830 et signée par M. de Peyronnet, maintenait cette exception, en expliquant ce qu'il faut entendre par ouvrages de ville: *Ceux qui, imprimés pour le compte de l'administration ou destinés à des ouvrages privés, ne sont pas destinés à être répandus dans le commerce.*

Ce n'est au reste qu'une *tolérance* de l'administration. Et l'imprimeur ne peut se garantir contre tout risque de poursuite qu'en consultant préalablement l'administration (Arrêt C.C. du 31 juillet 1833; Bull. p. 312; Sirey 24-1-83; Dalloz 1823-1-302 et du 3 juin 1826; Bull. p. 305; Dalloz 1826-1-379.)

II. L'art. 14 doit s'appliquer :

1° Aux réimpressions comme aux ouvrages nouveaux. Et il y a réimpression dès qu il y a un autre format et une autre justification. (Arrêt C. C. du 12 septembre 1822 rendu dans le cas d'une *chanson populaire*; Bull. p. 529; Dalloz jurisp. gén. V. *presse* p. 338; et du 18 juillet 1833 rendu à l'occasion de la réimpression d'un article de journal, Bull. p. 355; sirey, 1833-1-876; Dalloz 1833-1-339).

2° Aux *mémoires non signés* d'un avocat ou d'un avoué. (Arrêt C.C. du 21 octobre 1825; Bull, p 589; Sirey, 1826-1-260; Dalloz 1826-1-77.)

3° Aux ouvrages même très-courts. Ce n'est pas la brièveté qui les range dans la classe des *bilboquets*. (Arr. C. C. du 3 juin 1826; Bull. p. 305; Dalloz 1826-1-379.)

4° A la musique gravée, *accompagnée de paroles*. (Ordonnance du 24 octobre 1814 et arrêt c.c. du 29 mai 1823. Bull. p. 489.

5° Aux estampes et planches gravées (même ordonnance).

6° Aux impressions lithographiques (ordonnance du 8 octobre 1817).

III. La déclaration doit être faite dans chaque département où l'ouvrage s'imprime en totalité ou en partie. (Arr. C. C. 16 juin 1826; Bull. p. 339; Dalloz 1826-1-386.)

IV. Pour la forme de la déclaration, et le nombre des exemplaires déposés, V. l'ordonnance du 24 octobre ci-après.

V. Il y a contravention si l'imprimeur imprime un plus grand nombre d'exemplaires que celui indiqué par la déclaration. (Arr. C. C. du 19 décembre 1823; Bull. p. 439.

VI. Les exemplaires sont réputés mis en circulation, dès qu'ils sont arrivés chez le libraire. (Arr. C. C. du 21 février 1824; Bull. p. 88; Sirey 1824-1-408; Dalloz, jurispr. gén. V. *Presse* p. 339. Arr. des chambres réunies du 8 août 1828; Bull. p. 709; Sirey 1828-1-312; Dalloz 1828-1-373.)

VII. La contravention est suffisamment établie par la non-représentation du récépissé. (Arr. C. C. 2 avril 1830; Bull. p. 203; Dalloz 1830-1-193.) Cependant la cour royale peut décider si de l'ensemble des faits il résulte que les formalités ont été remplies. (Arr. C. C. 10 février 1826; Dalloz 1826—1—341.)

ART. 15. — L'exécution en est reglée par les lois du 28 fevrier 1817 et 26 mai 1819. — Voyez ci-après, art. 17.

Le mot *ouvrage* doit s'entendre de tout imprimé, quelque court qu'il soit. (M. Parant, Lois sur la presse, p. 51.)

ART. 16. — Voy. les notes sur l'art. 14, *in fine*.

L'exception résultant de la bonne foi n'est point admissible en matière de contravention à la loi sur la police de la presse, lorsque la contravention est matériellement et légale-

l'article précédent, seront punis chacun d'une amende de 1,000 fr. pour la première fois, et de 2,000 fr. pour la seconde.

17. Le défaut d'indication, de la part de l'imprimeur, de son nom et de sa demeure, sera puni d'une amende de 3,000 fr. L'indication d'un faux nom et d'une fausse demeure sera punie d'une amende de 6,000 fr., sans préjudice de l'emprisonnement prononcé par le Code pénal.

18. Les exemplaires saisis par simple contravention à la présente loi, seront restitués après le paiement des amendes.

19. Tout libraire chez qui il sera trouvé ou qui sera convaincu d'avoir mis en vente ou distribué un ouvrage sans nom d'imprimeur, sera condamné à une amende de 2,000 fr., à moins qu'il ne prouve qu'il a été imprimé avant la promulgation de la présente loi. L'amende sera réduite à 1,000 fr. si le libraire fait connaître l'imprimeur.

20. Les contraventions seront constatées par les procès-verbaux « des inspecteurs de la librairie, » et des commissaires de police.

---

ment constatée. S'il y a dans le fait particulier des circonstances atténuantes, telles que le défaut d'intérêt, la bonne foi présumée, c'est au gouvernement à apprécier les circonstances, et s'il y a lieu, à modifier et même à faire la remise des amendes. Mais les tribunaux ne peuvent pas se le permettre dans leurs jugemens, sous la forme du renvoi de l'action, sans commettre un excès de pouvoir et une violation des règles de la compétence. — Ainsi jugé par plusieurs arrêts de la Cour de cassation, entr'autres du 6 juillet 1832 ; (Bull, p. 356; Sirey 1832-1-655), et du 8 août 1828, chambres réunies, confirmant celui du 21 fév. 1824, chambre criminelle ; (Bull. p. 709; Sirey, 1828-1-312; Dalloz, 1828-1-373). — Voy. aussi la Jurisp. gén. de Dalloz, v° *Presse*, p. 340.

ART. 17. — I. L'obligation d'indiquer son nom et sa demeure, est, pour l'imprimeur, indépendante de celle qui lui est prescrite par l'art. 14. La déclaration et le dépôt ne l'en dispensent pas, (Arr. C. C. du 8 août 1828, cité dans la note précédente.)

II. Cette obligation s'étend aux ouvrages imprimés en langue étrangère, encore bien que toute l'édition doive être exportée. (Arr. C. C. 11 novembre 1825; Bull. p. 614; Sirey, 1826-1-112; Dalloz 1826-1-87.)

III. L'insertion de la *demeure* à la suite du nom est de rigueur ; peu importe qu'elle soit généralement connue. (arr. C. C. du 25 juin 1825 ; Bull. p. 343; Sirey 26-1-20; Dalloz, 1825-1-399; — et du 14 juillet 1833; Bull. p. 297; Dalloz 1833-1-314.)

IV. La contravention est consommée et passible de la peine, par cela seul que le dépôt a été fait, et l'ouvrage envoyé au libraire. (Arr. déjà cité du 8 août 1828 ; Bull. p. 709; Sirey, 1828-1-312 ;Dalloz, 1828-1-373.)

V. Lorsque des cahiers imprimés de chansons, saisis sur un chansonnier ambulant, ne contiennent ni le nom ni la demeure de l'imprimeur, l'imprimeur qui reconnaît les avoir imprimés, ne peut être exempté de la peine qu'il a encourue, parce qu'il aurait déclaré en même temps qu'il avait envoyé au chanteur des feuilles entières et non des cahiers, et qu'aucun des cahiers représentés comme pièces de conviction, ne contiendrait de feuille entière. (Arr. C. C., 9 août 1821 ; Bull., n° 128).

VI. Sur l'exception de bonne foi; Voy. la note sur l'art. 16.

VII. Dispositions du CODE PÉNAL auxquelles se réfère l'art. 17 :

« ART. 283. Toute publication ou distribution d'ouvrages, écrits, avis, bulletins, affiches, journaux, feuilles périodiques ou autres imprimés, dans lesquels ne se trouvera pas l'indication vraie des noms, profession et demeure de l'auteur ou de l'imprimeur, sera, pour ce seul fait, punie d'un emprisonnement de six jours à six mois, contre toute personne qui aura sciemment contribué à la publication ou distribution. »

« ART 284. Cette disposition sera réduite à des peines de simple police,

1° A l'égard des crieurs, afficheurs, vendeurs ou distributeurs qui auront fait connaître la personne de laquelle ils tiennent l'écrit imprimé ;

2° A l'égard de quiconque aura fait connaître l'imprimeur;

3° A l'égard même de l'imprimeur qui aura fait connaître l'auteur. »

« ART. 286. Dans tous les cas ci-dessus, il y aura confiscation des exemplaires saisis. »

Le n° 2 de l'art. 284 est abrogé, quant au libraire, (V. note Ire de l'art. 19). — Le n° 3 est évidemment abrogé par l'art. 17, puisqu'il y aurait contravention de l'imprimeur, lors même que le nom de l'auteur serait imprimé sur l'ouvrage.

ART. 19. — I. L'art. 283 du code pénal n'étant pas rappelé dans cet art. est abrogé, quant au *libraire*.

Il en est de même de l'art. 284, n° 2. Le libraire est privé, par le présent art., du bénéfice qui lui était assuré.

II. Pour la valeur du mot *ouvrage*, voyez la note sur l'art. 15.

ART. 20. — Les inspecteurs de la librairie ont été supprimés et leurs attributions conférées dans toute l'étendue du royaume aux com

21. Le ministère public poursuivra d'office les contrevenans pardevant les tribunaux de police correctionnelle, sur la dénonciation du « *directeur-général de la librairie* » et la remise d'une copie des procès-verbaux.

22. Les dispositions du titre Ier cesseront d'avoir leur effet à la fin de la session de 1816, à moins qu'elles n'aient été renouvelées par une loi, si les circonstances le faisaient juger nécessaire.

ORDONNANCE DU 23 OCTOBRE 1814,

« *Qui place la direction générale de la librairie dans les attributions du chancelier de France, et charge ce dernier de l'exécution de la loi du 21 octobre en ce qui concerne les journaux.* »

ORDONNANCE DU 24 OCTOBRE 1814.

Relative à l'impression, au dépôt et à la publication des ouvrages.

(Louis XVIII. — M. Dambray.)

Art. 1er. Les brevets d'imprimeur et de libraire délivrés jusqu'à ce jour sont confirmés : les conditions auxquelles il en sera délivré à l'avenir, seront déterminées par un nouveau réglement.

2. Chaque imprimeur sera tenu, conformément aux réglemens, d'avoir un livre coté et paraphé par le maire de la ville où il réside, où il inscrira par ordre de dates, et avec une série de numéros, le titre littéral de tous les ouvrages qu'il se propose d'imprimer; le nombre des feuilles, des volumes et des exemplaires, et le format de l'édition. Ce livre sera représenté, à toute réquisition, « aux inspecteurs de la librairie » et aux commissaires de police, et visé par eux s'ils le jugent convenable.

La déclaration prescrite par l'art. 14 de la loi du 21 octobre 1814 sera conforme à l'inscription portée au livre.

3. Les dispositions dudit article s'appliquent aux estampes et aux planches gravées accompagnées d'un texte.

4. Le nombre d'exemplaires qui doivent être déposés, ainsi qu'il est dit au même article, reste fixé à « *cinq* », lesquels seront répartis ainsi qu'il suit : un pour notre bibliothèque, « un pour notre amé et féal « chevalier le chancelier de France », un pour notre ministre secrétaire-d'état au département de l'intérieur, « un pour le « directeur général de la librairie, et le « cinquième pour le censeur qui aura été « ou qui sera chargé d'examiner l'ou- « vrage. »

« 5. Si un écrit a été examiné sur la ré-

---

missaires de police. (Ordonnance du 13 septembre 1829).

Art. 21.—Cet article n'est pas restrictif. Il n'enlève pas au ministère public le droit général qu'il a de poursuivre tous les faits qui présentent le caractère de crime ou délit. Ainsi jugé par arrêts de la cour de cassation : Du 29 mars 1827; (Bull., p. 188; Sirey, 27-1-459; Dalloz, 1827-1-187); du 2 nov. 1820 (Bull. p. 409; Dalloz, jur. gén., v[e] *Presse*, p. 337); — du 24 mai 1821. (Bull., p. 202; Dalloz, *ibid.*, p. 330); — du 31 juillet 1823 (Bull., p. 312; Sirey, 24-1-83; Dalloz, *ibid.*, p. 338); du 17 mai 1828 (Bull., p. 371; Sirey, 28-1-332; Dalloz, 1828-1-247).

Art. 22. — Voyez les notes sur le titre Ier et le titre II.

Ordonnance du 23 octobre 1814.

Abrogée. Le décret spécial du 24 mars 1815 a supprimé la direction générale de la librairie. Elle forme maintenant une division particulière au ministère de l'intérieur. (Ordonnance du 6 avril 1834.)

Ordonnance du 24 octobre 1814.

Cette ordonnance est un réglement d'administration publique, qui a eu pour objet d'assurer l'exécution de la loi du 21. Elle se confond donc avec cette loi et participe à son caractère. (Arr. C. C. 19 décembre 1823, affaire Chantpie.)

Art. 1er. — Le réglement annoncé n'a point été fait. Voy. l'art. 40 de la loi du 5 février 1810, et les motifs de l'ordonnance du 1er septembre 1827, sur l'application du réglement de 1723, dans les notes sur l'art. 11, loi du 21 octobre 1814.

Art. 2. — Voy. les notes sur l'art. 14, loi du 21 octobre 1814.

Art. 3. — Voy. le titre III de la loi du 9 septembre 1835 qui établit la *censure indéfinie* des gravures, dessins, etc.

Art. 4. « Le nombre des exemplaires des « écrits imprimés et des épreuves des planches « et estampes dont le dépôt est exigé par la « loi, et qui avait été fixé à 5 par les art. 4 « et 8 de l'ordonnance royale du 24 octobre, « est réduit, outre l'exemplaire et les deux « épreuves destinées à notre bibliothèque « (royale) conformément à la même ordon- « nance, à un seul exemplaire et une seule « épreuve pour la bibliothèque du ministère « de l'intérieur. » (Ordonnance du 9 janvier 1828.)

Art. 5 et 6. — Abrogés depuis que le titre 1er de la loi cesse d'être obligatoire.

« quisition de l'auteur ou de l'imprimeur, « ou qu'il soit approuvé, il leur sera déli- « vré un procès-verbal d'*approbation*; et la « remise de ce procès-verbal les déchar- « gera de toute responsabilité, si ce n'est « envers les particuliers lésés, conformé- « ment à l'art. 10

« Si l'examen d'un écrit n'a eu lieu que « par ordre du directeur général de la li- « brairie ou du préfet du département, la « permission d'imprimer pourra être don- « née sans approbation; et, en ce cas, elle « sera seulement constatée par la déli- « vrance du récépissé de la déclaration. »

7. En exécution de l'art. 20, les commissaires de police rechercheront et constateront d'office toutes les contraventions; et ils seront tenus aussi de déférer à toutes les réquisitions qui leur seront adressées à cet effet par les préfets, sous-préfets et maires, et « *par les inspecteurs de la librairie* ». Ils enverront dans les vingt-quatre heures tous les procès-verbaux qu'ils auront dressés, à Paris, « *au directeur général de la librairie* »; et dans les départemens, aux préfets, qui les feront passer sur-le-champ au « *directeur général* », seul chargé par l'art. 22 de dénoncer les contrevenans aux tribunaux.

8. Le nombre d'épreuves des estampes et planches gravées, sans texte, qui doivent être déposés pour notre bibliothèque, reste fixé à deux dont une avant la lettre ou en couleur, s'il en a été tiré ou imprimé de cette espèce.

Il sera déposé en outre « *trois épreuves, dont une pour notre amé et féal chevalier le chancelier de France* », une pour notre ministre secrétaire-d'état au département de l'intérieur, et « *la troisième pour le directeur général de la librairie.* »

9. Le dépôt ordonné en l'article précédent sera fait, à Paris, au « *secrétariat de la direction générale* »; et dans les départemens au secrétariat de la préfecture. Le récépissé détaillé qui en sera délivré à l'auteur, formera son titre de propriété, conformément aux dispositions de la loi du 19 juillet 1793.

10. Toute estampe ou planche gravée, publiée ou mise en vente avant le dépôt de « *cinq* » épreuves constaté par le récépissé, sera saisie par les « *inspecteurs de la librairie* » et les commissaires de police, qui en dresseront procès-verbal.

11. Il est défendu de publier aucune estampe et gravure diffamatoire ou contraire aux bonnes mœurs, sous la peine prononcée par le Code pénal.

« 12. Conformément aux dispositions « de l'art. 12 de l'arrêt du Conseil du 16 « avril 1785, et à l'art. 3 du décret du 14 « octobre 1811, il est défendu à tous au- « teurs et éditeurs de journaux, affiches et « feuilles périodiques, tant à Paris que « dans les départemens, sous peine de dé- « chéance de l'autorisation qu'ils auraient « obtenue, d'annoncer aucun ouvrage im- « primé ou gravé, si ce n'est après qu'il aura « été annoncé par le journal de la librairie. »

DÉCRET DU 24 MARS 1815.

Qui supprime la direction générale de la librairie.

[Cent-jours.]

LOI DU 9 NOVEMBRE 1815

Relative à la répression des cris séditieux et des provocations à la révolte.

[Louis XVIII, M.]

Louis, etc. Nous eussions voulu laisser

ART. 7. — Le ministère public conserve le droit de poursuites directes. Voy. la note sur l'art. 21 de la loi. Et l'ordonnance du 13 septembre 1829.

ART. 8. — Modifié. Voy. la note sur l'art. 4.

ART. 9. — Aujourd'hui au *bureau de la librairie*, au ministère de l'intérieur.

ART. 10. — Modifié. Voy. art. 4 et 8.

ART. 11. — Voy. la loi du 17 mai 1819, et celle du 9 septembre 1835 sur la *censure* (art. 20).

ART. 12. — Abrogé depuis que la charte permet de publier librement ses opinions, et par conséquent de faire annoncer ses écrits. Impossible à exécuter depuis que les journaux n'ont plus besoin d'autorisation. (Lois du 9 juin 1819 et du 18 juillet 1828.)

Le décret du 14 octobre 1811, faisait du Journal de la Librairie un journal officiel; aujourd'hui c'est une entreprise particulière, à laquelle l'art. 3 de l'ordonnance du 9 septembre 1835, sur la *censure des dessins*, tend à rendre un caractère officiel. (Voy. note sur les Chartes.)

Loi du 9 novembre 1815.

Présentation à la *chambre des députés* le 16 octobre. — Rapport le 24. — Discussion du 26 au 30. — Adoption le 30.

Présentation à la *chambre des pairs* le 3 novembre. — Rapport et discussion le 9. — Adoption le 7.

Sanction le 9. — Promulgation le 11 novembre.

Cette loi a été abrogée formellement par celle du 17 mai 1819, art. 26.

toujours à l'action sage et mesurée des tribunaux ordinaires, la répression de tous les délits ; mais après de si longs troubles, au milieu de tant de malheurs, de grandes passions s'agitent encore. Il faut pour les comprimer, pour arrêter les désordres que produirait leur explosion, des formes plus simples, une justice plus rapide, et des peines qui concilient les droits de la clémence et la sûreté de l'état. Notre Charte constitionnelle a réservé, par l'art. 63, le tribunal que réclament les circonstances. La juridiction prévôtale a en sa faveur l'expérience des temps passés, et nous promet les heureux résultats qu'elle a produits sous les rois nos ancêtres. Mais tandis que notre conseil prépare avec maturité les dispositions de la loi qui doit la rétablir, nous avons cru devoir chercher un remède momentané dans une législation provisoire. — Nous avons proposé, les chambres ont adopté, nous avons ordonné et ordonnons ce qui suit :

» ART. 1er. Seront poursuivis et jugés « criminellement toutes personnes coupa« bles d'avoir ou imprimé, ou affiché, ou « distribué, ou vendu, ou livré à l'impres« sion, des écrits; d'avoir, dans des lieux « publics ou destinés à des réunions habi« tuelles de citoyens, fait entendre des cris « ou proféré des discours ; toutes les fois « que ces cris, ces discours, ou ces écrits « auront exprimé la menace d'un attentat « contre la vie, la personne du roi, la vie « ou la personne des membres de la famille « royale ; toutes les fois qu'ils auront exci« té à s'armer contre l'autorité royale, ou « qu'ils auront provoqué directement ou « indirectement au renversement du gou« vernement, ou au changement de l'or« dre de successibilité au trône, lors même « que ces tentatives n'auraient été suivies « d'aucun effet, et n'auraient été liées à « aucun complot.—Les coupables des cri« mes ci-dessus énoncés seront punis de la « déportation.

« 2. Seront punis de la même peine, tou« tes personnes coupables d'avoir arboré, « dans un lieu public ou destiné à des réu« nions habituelles de citoyens, un drapeau « autre que le drapeau blanc.

« 3. Seront punis de la déportation toutes « personnes qui feront entendre des cris « séditieux dans le palais du roi ou sur son « passage.

« 4. Les cours d'assises connaîtront des « crimes énoncés dans les articles précé« dens.

» Seront déclarés séditieux, tous cris, « tous discours proférés dans des lieux pu« blics ou destinés à des réunions de ci« toyens, tous écrits imprimés, même tous « ceux qui n'ayant pas été imprimés, au« raient été ou affichés, ou vendus, ou dis« tribués, ou livrés à l'impression ; toutes « les fois que par ces cris, ces discours, « ou ces écrits, on aura tenté d'affaiblir « par des calomnies ou des injures le res« pect dû à la personne ou à l'autorité du « roi, ou à la personne des membres de sa « famille, ou que l'on aura invoqué le nom « de l'usurpateur, ou d'un individu de sa « famille ou de tout autre chef de rébel« lion ; toutes les fois encore que l'on au« ra, à l'aide de ces cris, de ces discours « ou de ces écrits, excité à désobéir au roi « et à la Charte constitutionnelle.

« 6. Sont aussi déclarés coupables d'é« crits séditieux les auteurs, marchands, « distributeurs, expositeurs de dessins ou « images dont la gravure, l'exposition ou « la distribution tendrait au même but que « les cris, les discours et les écrits men« tionnés en l'article précédent.

« 7. Sont declarés actes séditieux l'en« lèvement ou la disparution du drapeau « blanc, des armes de France et autres « signes de l'autorité royale, la fabrica« tion, le port, la distribution de cocardes « quelconques, et de tous autres signes de « ralliement défendus ou même non auto« risés par le roi.

« Sont coupables d'actes séditieux tou« tes personnes qui répandraient ou accré« diteraient, soit des alarmes touchant « l'inviolabilité des propriétés, qu'on ap« pelle nationales, soit des bruits d'un « prétendu rétablissement des dîmes ou « des droits féodaux, soit des nouvelles ten« dant à alarmer les citoyens sur le main« tien de l'autorité légitime et à ébranler « leur fidélité.

« 9. Sont encore déclarés séditieux les « discours et écrits mentionnés dans l'ar« ticle 5 de la présente loi ; soit qu'ils ne « contiennent que des provocations indi« rectes aux délits énoncés aux articles 5, « 6, 7 et 8 de la loi ; soit qu'ils donnent à « croire que des délits de cette nature, ou « même les crimes énoncés aux articles 1, « 2 et 3 seront commis, ou qu'ils répan« dent faussement qu'ils ont été commis.

« 10. Les auteurs et complices des dé-

Art. 10 et 11. — Voyez les dispositions du Code pénal dans la note sur les art. 14 de la loi du 25 mars 1822 et 5 de la loi du 8 octobre 1833. — L'article 114 du Code d'inst.

« lits prévus par les articles 5, 6, 7, 8 et 9 « de la présente loi, seront poursuivis et « jugés par les tribunaux de police correc- « tionnelle. Ils seront punis d'un empri- « sonnement de cinq ans au plus et de trois « mois au moins. Ils seront en outre con- « damnés à une amende dont le *minimum* « sera de 50 fr., et qui pourra être élevé « jusqu'à 20,000 fr. — Tout condamné « qui se trouvera jouir d'une pension de « retraite, civile ou militaire, ou d'un « traitement quelconque de non activité, « sera privé de tout ou partie de cette pen- « sion ou de ce traitement, pour un temps « qui sera déterminé par le tribunal. — « L'interdiction mentionné en l'article 42 « du Code pénal, pourra être ajouté à la « condamnation, pour dix ans au plus et « cinq ans au moins. — Les condamnés « demeureront en outre, après l'expiration « de la peine, sous la surveillance de la « haute police, pour un temps qui sera dé- « terminé par le jugement, et qui ne pour- « ra excéder cinq années; le tout confor- « mément au chap. III du livre 1er du Co- « de pénal, sans préjudice des poursuites « criminelles, et de l'application des pei- « nes plus graves prescrites par le Code « pénal, dans le cas où les cris, les dis- « cours, écrits et actes séditieux auraient « été suivis de quelques effets ou liés à « quelque complot. — En cas de récidive, « les coupables seront punis d'une peine « double; de telle manière que l'emprison- « nement pourra être de dix années, et la « surveillance de dix années pareillement.

« 11. Les dispositions de l'article 114 du « Code d'instruction criminelle, et celles « de l'article 463 du Code pénal, ne pour- « ront être appliquées dans les cas prévus « par la présente loi.

« 12. Les tribunaux peuvent ordonner « l'impression et l'affiche des jugemens por- « tant condamnation, dans tout ou partie « du ressort de l'arrondissement.

« 13. Les dispositions du Code d'instruc « tion criminelle et du Code pénal conti « nueront d'être exécutées dans tout ce à « quoi il n'est pas dérogé par la présente « loi, notamment en ce qui touche les at- « tentats et complots contre la personne « du roi et sa famille, et les crimes tendant « à troubler l'état par la guerre civile, « tels qu'ils sont désignés dans la section 2 « du chapitre 1er du livre III du Code pé- « nal. »

LOI DU 28 FÉVRIER 1817

Sur les Journaux.

(Louis XVIII. — M. de Richelieu).

Art. 1er. Les journaux et écrits périodiques ne pourront paraître qu'avec l'autorisation du roi.

2. La présente loi cessera, de plein droit, d'avoir son effet au 1er janvier 1818.

LOI DU 28 FÉVRIER 1817.

Relative aux écrits saisis en vertu de la loi du 21 octobre 1814.

(Louis XVIII. — M. de Richelieu.)

Article unique. Lorsqu'un écrit aura été saisi en vertu de l'article 15 du titre II de la loi du 21 octobre 1814, l'ordre de saisie et le procès-verbal seront, sous peine de nullité, notifiés dans les vingt-quatre heures à la partie saisie, qui pourra y former opposition.

En cas d'opposition, le procureur du roi fera toute diligence pour que dans la huitaine, à dater du jour de ladite opposition, il soit statué sur la saisie.

---

crim. permet la mise en liberté provisoire sous caution.

Art. 13. — Voyez la loi du 8 octobre 1830 et celle du 9 sept. 1835.

Loi, sur les journaux, du 28 février 1817.

Voy. les notes sur l'art. 1er, loi du 9 juin 1819.

Loi du 28 février 1817, sur la saisie.

Bien que cette loi ait été abrogée en termes exprès par l'art. 31 de la loi du 26 mai 1819, elle doit nécessairement recevoir son application dans certains cas.

La cour de cassation a jugé que l'art. 31 de la loi du 26 mai s'appliquait seulement aux saisies motivées *sur le contenu de l'ouvrage* et non à celles qui sont faites par l'une des causes énoncées aux deux premiers numéros de l'art. 15 de la loi du 21 octobre 1814, c'est-à-dire *pour contravention*. Que, dans ce cas, la saisie était réglée par la loi du 28 février 1817, *non abrogée quant à ce* (Arr. du 22 août 1823; Bull. p. 351. — Voyez ci-dessous n° III.)

II. Le ministère public n'est assujetti à aucun délai pour faire statuer sur la poursuite; mais on peut le contraindre à agir en formant *opposition*.

III. La péremption de la saisie ne doit pas entraîner celle de l'action publique contre la contravention. Elle place réellement le prévenu dans le même cas que si on l'eût poursuivi sans le saisir. Qu'on n'oublie pas qu'il

Le délai de huitaine expiré, la saisie, si elle n'est maintenue par le tribunal, demeurera, de plein droit, périmée et sans effet, et tous dépositaires de l'ouvrage saisi seront tenus de le remettre au propriétaire.

ORDONNANCE DU 8 OCTOBRE 1817 *relative aux impressions lithographiques.*

[Louis XVIII. — M. de Richelieu.]

L'art de la lithographie a reçu, depuis une époque très-récente, de nombreuses applications qui l'assimilent entièrement à l'impression en caractères mobiles et à celle en taille-douce; et il s'est formé, pour la pratique de cet art, des établissemens de la même nature que les imprimeries ordinaires, sur lesquelles il a été statué par la loi du 21 octobre 1814.

A ces causes, voulant prévenir les inconvéniens qui résulteraient de l'usage clandestin des presses lithographiques;

Vu les articles 11, 13 et 14 de la loi du 21 octobre 1814,

Nous avons ordonné et ordonnons ce qui suit:

ART. 1er. Nul ne sera imprimeur-lithographe, s'il n'est breveté et assermenté.

2. Toutes les impressions lithographiques seront soumises à la déclaration et au dépôt avant la publication, comme tous les autres ouvrages d'imprimerie.

LOI DU 17 MAI 1819 *Sur la répression des crimes et délits commis par la voie de la presse, ou par tout autre moyen de publication.*

[Louis XVIII. — M. de Serre]

CHAPITRE Ier. — *De la provocation publique aux crimes et délits.*

ART. 1er Quiconque, soit par des discours, des cris ou menaces proférés dans des lieux ou réunions publics, soit par des

---

ne s'agit ici que de la poursuite des *contraventions* aux lois sur la *police* de la presse, et non des *délits* résultant du *contenu* de l'écrit; dans ce dernier cas la péremption de la saisie entraîne celle de la poursuite. (art. 11, loi du 26 mai 1829.) L'arrêt cité n° I décide implicitement dans ce sens.

IV. Quant au tribunal qui prononce sur la validité de la saisie, ce n'est ni la chambre du conseil ni la chambre des mises en accusation, comme dans la procédure sur les *délits*, prescrite par la loi du 26 mai 1819; c'est le tribunal juge de fond, le tribunal correctionnel.

V. Lorsqu'un imprimeur a omis de faire la déclaration et le dépôt d'un ouvrage qu'il a imprimé, et qu'un commissaire de police, s'étant présenté pour saisir cet ouvrage, et n'en ayant trouvé qu'un seul exemplaire, s'est borné à dresser procès-verbal des dires du prévenu, ce procès-verbal ne doit pas, à peine de nullité, être signifié. La signification n'est nécessaire que lorsqu'il y a saisie réellement faite. (arrêt de cass. du 2 avril 1830; Bull. crim. n° 87.)

Ordonnance du 8 octobre 1817.

Quoique l'art. 16 de la loi du 21 octobre 1814 ne soit point mentionné dans cette ordonnance, ni sa disposition rappelée, les imprimeurs lithographes sont, comme les autres, soumis à l'obligation d'inscrire leur *nom* et leur *demeure* sur tout ce qu'ils impriment. Lois sur la presse, par M. Parant, p. 63.) V. les notes sur les art. 11, 13, 14, et 16 précités.

Loi du 17 mai 1819

Présentée à la *chambre des députés* le 22 mars.—Exposé des motifs par M. de Serre le même jour. — Nomination de la commission le 1er avril. — Rapport (M. de Courvoisier) le 10. — Discussion du 14 au 21. — Adoption le 21.

Présentation à la *chambre des pairs* le 24. —Rapport (M. de Broglie) le 8 mai.—Discussion du 13 au 15.—Adoption le 15.

Sanction le 17 mai 1819. — Promulgation le 18.

Un grand principe domine toute cette loi, et généralement la législation de 1819; c'est que la loi *pénale* ne doit considérer que les délits sans tenir compte ni de la différence des instrumens, ni des différens usages de la presse, considérée elle-même comme instrument, ni enfin de la distinction de la presse avec le langage ou le pinceau, de telle sorte qu'à proprement parler il peut y avoir des crimes et délits résultant de l'abus de la presse, mais il n'y a point de délits de la presse. Ce principe a été développé par les organes du pouvoir, et n'a été contesté par aucun membre des chambres, MM. Courvoisier et Bellart exceptés.

ART. 1er.—I. Il résulte de la discussion à la chambre des députés, que le mot *proférés* a été placé dans cet article, afin qu'il ne puisse atteindre que les discours, etc., qui ont eu lieu de manière à ce que les assistans ou les passans pussent les entendre, et qu'ils aient réellement eu le caractère de la publicité. Et non pas les discours simplement *tenus* dans un lieu public.

écrits, des imprimés, des dessins, des gravures, des peintures ou emblêmes vendus ou distribués, mis en vente, ou exposés dans des lieux ou réunions publics, soit par des placards ou affiches exposés aux regards du public, aura provoqué l'auteur ou les auteurs de toute action qualifiée crime ou délit à la commettre, sera réputé complice et puni comme tel.

Un arrêt de cassation du 11 juin 1831 a interprété dans ce sens l'art. 1er, et a décidé qu'il ne suffit pas que des propos séditieux aient été *tenus* dans un lieu public, mais qu'il faut qu'ils aient été manifestés publiquement. (Bull., p. 231; Sirey, 1831-1-234; Dalloz, 1831-1-227.)

Caractères de la publicité.

II. Il faut entendre par *lieux publics*, non seulement ceux qui sont accessibles à tout le monde sans condition, comme une rue, une place, une église, un musée, un cours gratuit; mais aussi ceux qui, accessibles à tout le monde, ne le sont qu'à certaines conditions, comme un spectacle, un bal payant, etc., ou une école, un collége. — Les réunions publiques sont celles qui se composent d'élémens absolument étrangers les uns aux autres, comme une foire, un marché, une assemblée électorale.—Aussi peut-on dire que les réunions de famille, d'amis ou de simples connaissances, et cela en maison *privée*, sont les seules placées hors de l'atteinte de l'art. 1er. — La loi n'a donné à cet égard aucune définition, mais les principes émis ci dessus résultent d'un grand nombre d'arrêts de la cour de cassation.

III. Ainsi sont réputés *lieux publics* :

1° Une place, une rue, une *auberge*. (Arr. du 26 mars 1813; Bull., p. 149; Sirey, 1813. 1-416; Dalloz, Jurisp. gén., tom. 2, p. 105.

2° Les *appartenances d'une auberge*, destinées à recevoir habituellement le public. Elles ne changent même pas de nature lorsqu'elles sont momentanément occupées par une réunion de particuliers, sous la condition qu'eux seuls y seront reçus pendant un banquet; car ce n'est qu'à cause de la nature même du lieu que ces particuliers y sont admis ainsi. (Arr. du 19 février 1825; Bull., p. 87; Sirey, 1825-1-333; Dalloz, 1825-1-216.) — Toutefois la publicité ne résulte pas nécessairement de ce que des propos ont été tenus dans une *auberge*; il faut de plus qu'il soit déclaré qu'il y a eu publicité. (Arr. du 11 juin 1831; Bull., p. 231; Sirey, 1831-1-234; Dalloz, 1831-1-227.)

4° Une *salle de spectacle*. (Arr. du 2 juillet 1812; Bull., p. 312; Sirey, 1813-1-65; Dalloz, Jurisp. gén., t. 11, p. 103.)

5° Le *greffe* d'un tribunal, de sa nature et par sa destination. Même un acte contenant des imputations, et consigné dans un registre authentique, est public et donne lieu à l'application de la loi. (Arr. du 22 août 1828; Bull., p. 731; Sirey, 1828-1-337; Dalloz, 1828-1-396.) — Voyez les notes sur l'art. 14.

6° Les *bureaux* d'une sous-préfecture, parce qu'ils sont, de leur nature, accessibles au public. [Arr. du 4 août 1826; Bull., p. 429; Sirey, 1827-1-128; Dalloz, 1827-1-336.]

7° Une *classe* secondaire ecclésiastique, dans laquelle on reçoit des externes. [Arr. du 9 novembre 1832; Bull., p. 619; Sirey, 1832-1-471; Dalloz, 1833-1-350.]

IV. Ne sont pas réputés *lieux publics :*

1° Une *prison*. [Arr. du 31 mai 1822 et 14 juin 182. Bull. p. 122 et 201.]

2° Un *presbytère*. [Arr. du 2 aout 1816; Bull., p. 115; Dalloz, Jurisp. gén., t. XI, p. 105.]

3° La *cour d'un presbytère*, lors même qu'elle sert de lieu de dépôt au bois destiné à des troupes en cantonnement. [Arr. du 1er mars 1833; Sirey, 1833-1-505; Dalloz, 1833-1-178.]

4° Une *voiture publique*. Ainsi, des propos diffamatoires tenus dans une diligence, pendant un trajet d'une ville à une autre, ne constituent pas nécessairement le délit de diffamation publique. [Arr. du 27 août 1831; Bull., p. 358; Sirey, 1832-1-114; Dalloz, 1831-1-307.]

5° Des propos séditieux, quoique ayant été tenus dans un cabaret, sont censés n'avoir pas été proférés dans un lieu public, s'ils l'ont été dans un corridor écarté, et avec le secret d'une confidence faite à une ou deux personnes seulement. [Arr C. C. 1er février 1821; Bull., n° 46.]

V. Il suffit, pour l'existence de la circonstance caractéristique ou aggravante, que le *lieu* soit *public*; peu importe qu'il y ait eu ou non des assistans. [Arr. du 26 mars 1813-1-416; Dalloz, Jurisp. gén., t. XI, p. 105.]

Peu importe le nombre des auditeurs; la présence d'une seule personne, dans un lieu public, suffit pour qu'il y ait publicité. [Arr. du 2 juillet 1812; Bull., p. 312 Sirey, 1813-65; Dalloz, Jurisp. gén., t. 2, p. 103.]

Ces décisions, antérieures à la loi de 1819, sont toujours applicables; mais il faut qu'il y ait eu publicité réelle, en ce sens que les discours aient été *proférés*. [Arr. précité du 11 juin 1831.]

VI. Une *réunion* peut être *publique*, sans que le lieu soit *public*. Cette circonstance suffit à la publicité qui constitue le délit. [Arr. du 16 janvier 1824; Bull., p. 12; Sirey, 1824 2-212, et du 26 janvier 1826; Bull., n° 19.....

VII. Il n'est pas nécessaire que le jugemen

(2. Quiconque aura, par l'un des moyens énoncés en l'art. 1er, provoqué à commettre un ou plusieurs crimes sans que ladite provocation ait été suivie d'aucun effet, sera puni d'un emprisonnement qui ne pourra être de moins de trois mois ni excéder cinq années, et d'une amende qui ne pourra être au-dessous de 50 fr., ni excéder 6,000 fr.)

3. Quiconque aura, par l'un des mêmes moyens, provoqué à commettre un ou plusieurs délits, sans que ladite provocation ait été suivie d'aucun effet, sera puni d'un emprisonnement de trois jours à deux années, et d'une amende de 30 fr. à 4,000 fr., ou de l'une de ces deux peines seulement, selon les circonstances, sauf les cas dans lesquels la loi prononcerait une peine moins grave contre l'auteur même du délit, laquelle sera alors appliquée au provocateur.

« 4. Sera réputée provocation au crime, « et punie des peines portées par l'art. 2, « toute attaque formelle par l'un des « moyens énoncés en l'art. 1er, soit contre « l'inviolabilité de la personne du roi, « soit contre l'ordre de successibilité au « trône, soit contre l'autorité constitu« tionnelle du roi et des chambres.

« 5. Seront réputés provocation au dé« lit, et punis des peines portées par « l'art. 3,

« 1° Tous cris séditieux publiquement « proférés, autres que ceux qui rentre« raient dans la disposition de l'art. 4;

« 2° L'enlèvement ou la dégradation des « signes publics de l'autorité royale, opé« rés par haine ou mépris de cette auto« rité;

« 3° Le port public de tous signes exté« rieurs de ralliement non autorisés par « le roi ou par des réglemens de police;

« 4° L'attaque formelle, par l'un des « moyens énoncés en l'art. 1, des droits « garantis par les articles 5 et 9 de la « charte constitutionnelle. »

(6. La provocation, par l'un des mêmes moyens, à la désobéissance aux lois, sera punie des peines portées en l'art. 3.)

7. Il n'est point dérogé aux lois qui

---

exprime si la publicité résulte de la *réunion* ou du *lieu*; il suffit que les magistrats déclarent que les discours ont été proférés publiquement. [Arr. du 26 janvier 1826; Bull., p. 50; Dalloz, 1826-1-209.]

Mais les juges doivent, à peine de cassation, déclarer la circonstance de publicité, caractère essentiel du délit, et sans laquelle il n'y aurait qu'injure simple, en supposant que la prévention ait eu pour objet des faits diffamatoires. [Bull., p. 385; Sirey, 1820-1-148, Dalloz, Jurisp. gén., t. II, p. 104.]

L'art. 6 de la loi du 25 mars 1822, laisse aux juges pour certains cas, une latitude absolue.—Voyez les notes sur cet article.

VIII. L'exposition des signes propres à propager l'esprit de rébellion et à troubler la paix publique, faits sur le toit d'une maison particulière, mais dans un lieu apparent et accessible aux regards des passans, est publique. (Arr. du 20 septembre 1832; Bull., p. 502; Dalloz, 1833-1-75.)

IX. Pour la publicité résultant d'un acte authentique et public.—Voyez les notes sur l'article 14.

X, En fait d'écrits séditieux, il y a *publicité* par cela seul que les écrits ont été vendus et distribués. (Arr. du 21 novembre 1812, et 17 avril 1823)

XI. C'est à l'art. 1er de la loi du 17 mai 1819, que renvoient sans cesse les lois postérieures pour définir les *moyens de provocation publique* au crime ou au délit.

Loi de 1835. — L'art. 1er est confirmé par l'art. 1er de la loi du 9 septembre 1835 sur la presse, sauf la définition de la provo*cation* dans certains cas.—Voyez la note sur cet art.

ART. 2. — La provocation a été suivie d'effet soit par la commission du délit, soit par la tentative, il y a *complicité* et c'est le cas de l'art. 1er.

Lois de 1835. Cet article, est modifié par le 3e paragraphe de l'art. 1er de la loi du 9 septembre 1835 sur la presse.

ART. 4. — Remplacé par l'art. 2 de la loi du 25 mars 1822, remplacé lui-même par la loi du 29 novembre 1830, et depuis le 9 septembre 1835, par l'art 5 de la loi sur la presse.

ART. 5.—Remplacé, savoir : le n. 1 par l'art. 2 de la loi du 25 mars 1822; les n. 2 et 3 par l'art. 9; et le n. 4 par l'art. 3 de la même loi. Voy. les notes sur ces articles.

ART. 6. — Cet art. ne déroge point aux dispositions toutes spéciales des art. 201 et 202, 205 et 206, du Code pénal. (V. la note sur l'art. 7.) — V. aussi l'art 8 de la loi du 9 *septembre* 1835 sur la presse.

Il faut prendre garde de confondre avec la provocation à la désobéissance aux lois, celle qui aurait pour objet la résistance à un arrêté de l'administration rendu conformément à la loi. (Arr. du 3 mai 1834; Dalloz 1834-1-225.)

ART. 7.—I. Dispositions du Code pénal sur la complicité :

60. Seront punis comme complices d'une action qualifiée crime ou délit : ceux qui, par dons, promesses, menaces, abus d'autorité ou de pouvoir,

punissent la provocation et la complicité résultant de tous actes autres que les faits de publication prévus par la présente loi.

CHAP. II. — *Des outrages à la morale publique et religieuse, ou aux bonnes mœurs.*

8. Tout outrage à la morale publique et «*religieuse*», ou aux bonnes mœurs, par

machinations ou artifices coupables, auront provoqué à cette action, ou donné des instructions pour la commettre;

Ceux qui auront procuré des armes, des instrumens, ou tout autre moyen qui aura servi à l'action, sachant qu'ils devaient y servir;

Ceux qui auront, avec connaissance, aidé ou assisté l'auteur ou les auteurs de l'action, dans les faits qui l'auront préparée ou facilitée, ou dans ceux qui l'auront consommée; sans préjudice des peines qui seront spécialement portées par le présent code contre les auteurs de complots ou de provocations attentatoires à la sûreté intérieure ou extérieure de l'Etat, même dans le cas où le crime qui était l'objet des conspirateurs ou des provocateurs n'aurait pas été commis.

II. Dispositions du Code pénal relatives à la provocation :

201. Les ministres des cultes qui prononceront, dans l'exercice de leur ministère, et en assemblée publique, un discours contenant la critique ou censure du gouvernement, d'une loi, d'un décret impérial ou de tout autre acte de l'autorité publique, seront punis d'un emprisonnement de trois mois à deux ans.

Le délit de critique ou de censure et d'offense envers la personne du roi, commis par discours tenus en chaire, n'entre pas dans les cas d'*abus*, il reste soumis au droit commun; une autorisation préalable à la poursuite n'est d'ailleurs pas nécessaire, les ministres du culte n'étant pas des agens du gouvernement (Arr. C. C. des 23 juin, 9 septembre, 3 et 25 novembre 1831; Bull. p. 258, 376, 478 et 520; Sirey 1831-1-265 et 353; Dalloz 1831-1-248 et 309; 1832-1-37 et 59.)

202. Si le discours contient une provocation directe à la désobéissance aux lois ou autres actes de l'autorité publique, ou s'il tend à soulever ou armer une partie des citoyens contre les autres, le ministre du culte qui l'aura prononcé sera puni d'un emprisonnement de deux à cinq ans, si la provocation n'a été suivie d'aucun effet; et du bannissement, si elle a donné lieu à désobéissance, autre toutefois que celle qui aurait dégénéré en sédition ou révolte.

203. Lorsque la provocation aura été suivie d'une sédition ou révolte dont la nature donnera lieu contre l'un ou plusieurs des coupables à une peine plus forte que celle du bannissement, cette peine, quelle qu'elle soit, sera appliquée au ministre coupable de la provocation.

204. Tout écrit contenant des instructions pastorales, en quelque forme que ce soit, et dans lequel un ministre du culte se sera ingéré de critiquer ou censurer, soit le Gouvernement, soit tout acte de l'autorité publique, emportera la peine du bannissement contre le ministre qui l'aura publié.

205. Si l'écrit mentionné en l'article précédent contient une provocation directe à la désobéissance aux lois ou autres actes de l'autorité publique, ou s'il tend à soulever ou armer une partie des citoyens contre les autres, le ministre qui l'aura publié sera puni de la détention.

206. Lorsque la provocation contenue dans l'écrit pastoral aura été suivie d'une sédition ou révolte dont la nature donnera lieu contre l'un ou plusieurs des coupables à une peine plus forte que celle de la déportation, cette peine, quelle qu'elle soit, sera appliquée au ministre coupable de la provocation.

— 285. Si l'écrit imprimé contient quelques provocations à des crimes ou délits, les crieurs, afficheurs, vendeurs et distributeurs seront punis comme complices des provocateurs, à moins qu'ils n'aient fait connaître ceux dont ils tiennent l'écrit contenant la provocation.

En cas de révélation, ils n'encourront qu'un emprisonnement de six jours à trois mois; et la peine de complicité ne restera applicable qu'à ceux qui n'auront point fait connaître les personnes dont ils auront reçu l'écrit imprimé, et à l'imprimeur, s'il est connu.

Quoique cet art. 285 se confonde avec l'art. 1er de la présente loi, il peut néanmoins recevoir application, à cause de la prime qu'il accorde au révélateur, et de la peine spéciale qu'il prononce contre lui. V. la note sur l'art. 8.

ART. 8. — I. Développé par l'art. 1er de la loi du 25 mars 1822. — Remplacé quant à la morale *religieuse*, d'une manière plus sévère par le même article. — Complетté par l'art. 8 de la loi du 9 septembre 1835 qui reproduit la même pénalité.

II. L'art. 287 du Code pénal, ainsi conçu :

Toute exposition ou distribution de chansons, pamphlets, figures ou images contraires aux bonnes mœurs, sera punie d'une amende de seize francs à cinq cents francs, d'un emprisonnement d'un mois à un an, et de la confiscation des planches et des exemplaires imprimés ou gravés de chansons, figures ou autres objets du délit.

rentre dans celui-ci, quant à la 1re partie. — La 2e partie, *la confiscation* etc., doit toujours recevoir son exécution; elle est confirmée par l'art. 26 de la loi du 26 mars 1819. — Voyez l'art. 20 de la loi sur la presse, du 9 *septembre* 1835 (*Censure des dessins.*)

III. L'art. 288 du Code pénal, ainsi conçu :

Les peines d'emprisonnement et d'amende prononcées par l'article précédent, seront réduites à des peines de simple police,

1° A l'égard des crieurs, vendeurs ou distributeurs qui auront fait connaître la personne qui leur a remis l'objet du délit;

2° A l'égard de quiconque aura fait connaître l'imprimeur ou le graveur;

3° A l'égard même de l'imprimeur ou du graveur qui auront fait connaître l'auteur ou la personne qui les aura chargés de l'impression ou de la gravure.

doit recevoir son exécution sauf les observations ci-dessous. — Les peines de simple police sont une amende de 6 à 10 francs, sauf la saisie et la destruction, et la prison en cas de

l'un des moyens énoncés en l'art. 1er, sera puni d'un emprisonnement d'un mois à un an, et d'une amende de 16 fr. à 500 fr.

CHAP. III. — *Des offenses publiques envers la personne du roi.*

(9. Quiconque, par l'un des moyens énoncés en l'art. 1er de la présente loi, se sera rendu coupable d'offenses envers la personne du roi, sera puni d'un emprisonnement qui ne pourra être de moins de six mois, ni excéder cinq années, et d'une amende qui ne pourra être au-dessous de 500 fr., ni excéder 10,000 fr.

Le coupable pourra, en outre, être interdit de tout ou partie des droits mentionnés en l'art. 42 du Code pénal, pendant un temps égal à celui de l'emprisonnement auquel il aura été condamné: ce temps courra à compter du jour où le coupable aura subi sa peine.)

CHAP. IV. *Des offenses publiques envers les membres de la famille royale, les chambres, les souverains et les chefs des gouvernemens étrangers.*

10. L'offense, par l'un des moyens énoncés en l'article 1, envers les membres de la famille royale, sera punie d'un emprisonnement d'un mois à trois ans, et d'une amende de 100 francs à 5,000 francs.

11. L'offense, par l'un des mêmes moyens, envers les chambres ou l'une d'elles, sera punie d'un emprisonnement d'un mois à trois ans, et d'une amende de 100 francs à 5,000 francs.

12. L'offense, par l'un des même moyens, envers la personne des souverains ou envers celle des chefs des gouvernemens étrangers, sera punie d'un emprisonnement d'un mois à trois ans, et d'une amende de 100 francs à 5,000 francs.

CHAP. V. *De la diffamation et de l'injure publique.*

13. Toute allégation ou imputation d'un fait qui porte atteinte à l'honneur ou à la

---

récidive. (Code pénal, art. 475 n° 13, 477 et 478.)

Il ne s'agit, dans le n° 1er de l'art. 288, que des *crieurs autorisés* (voyez la loi du 16 février 1834); sans quoi ils encourrent les peines portées par l'art. 3 de cette loi. — Le n° 2 suppose le cas où le nom de l'imprimeur ou graveur n'est point inscrit sur l'ouvrage. — Quant au n° 3, le fait unique de l'impression ne constituant pas un délit (art. 24 de la présente loi), l'imprimeur ne peut être poursuivi qu'autant qu'il a distribué ou exposé lui-même, ou qu'il s'est rendu *complice* de la *publication*, en imprimant sciemment (art. 24.) Dans ce cas l'imprimeur jouit du bénéfice du n° 2, s'il dénonce l'*auteur*. Le tout sans préjudice de l'application de la loi du 21 octobre 1814, pour le cas où l'imprimeur n'a pas fait connaître son nom et sa demeure.

IV. L'art. 289 du code pénal est ainsi conçu :

> Dans tous les cas exprimés en la présente section, et où l'auteur sera connu, il subira le *maximum* de la peine attachée à l'espèce du délit.

Cet article n'a point été abrogé; c'est ce qui résulte de la discussion qui eut lieu dans la séance du 19 avril. Toutefois M. Parant (Lois sur la presse) pense avec raison qu'il est incompatible avec l'esprit de la loi de 1819, et aussi avec la lettre des 6 premiers articles, qui traitent de la *provocation*, l'art. 289 se référant aussi à l'art. 285, relatif à la provocation (voyez la note sur l'art. 7). Dans tous les cas, les juges, en l'appliquant, pourraient appliquer aussi l'art. 463 du code pénal, qui admet la réduction indéfinie des peines. Et ainsi il perdrait sa valeur. — Voyez la dissertation de M. Parant, p. 78 et 79.

ART. 9.—I. L'art. 86 du Code pénal, révisé en 1832, étend cette pénalité à *toute offense* commise envers la personne du roi, par un moyen quelconque. — Pour la valeur du mot *offense*, voyez la note IV, art. 20 de la loi du 26 mai 1819.

II. Pour ces délits commis par discours tenus en *chaire*, voyez la note II sur l'art. 7.

III. L'art. 42 du Code pénal est en note sous la loi du 9 sep. 1835. (presse, art. 3).

Lois de 1835. — Les dispositions de cet article et celles de l'art. 86 du Code pénal, relatives à l'offense au roi, ayant caractère de *crime*, sont remplacées par les art. 2 et 3 de la loi du 9 septembre. Si l'offense n'a que le caractère de *délit*, la peine de l'art. 9 est maintenue.

ART. 10. — Un individu condamné par arrêt correctionnel *pour avoir outragé la* MÉMOIRE du duc de Berry, s'est pourvu en cassation pour fausse application de cet article. Le pourvoi a été rejeté. (Arr. C. C. du 24 avril 1823; Sirey, 23-1-261; Dalloz, Jurisp. gén., t. XI, p. 92.)

ART. 11. — Pour le mode extraordinaire des poursuites, devant la chambre elle-même, voyez l'art. 15 de la loi du 25 mars 1822, maintenu par celle du 8 octobre 1830. — Voyez aussi l'art. 2 de la loi du 26 mai 1819.

ART. 12. — Pour la poursuite, voyez l'article 3 de la loi du 26 mai 1819, et 17, loi du 25 mars 1822.

ART. 13. — I. Chacun des mots de cet arti-

considération de la personne ou du corps auquel le fait est imputé, est une diffamation.

Toute expression outrageante, terme de mépris ou invective, qui ne renferme imputation d'aucun fait est une injure.

---

cle a une valeur spéciale qu'il faut expliquer. —Avant cette loi, la *calomnie* seule était punie, sauf la preuve des faits. Mais le mot *calomnie* perd sa signification réelle s'il s'applique à des faits *vrais*. De là l'introduction du mot *diffamation*, pour le cas où il y a imputation dommageable de faits vrais.

Quant aux mots *imputation* et *allégation*, *honneur* et *considération*, voici comment ils furent définis par la commission : « *Imputer*, « c'est affirmer ; *alléguer*, c'est annoncer sur « la foi d'autrui, ou laisser à l'assertion l'om« bre d'un doute. Tout ce qui touche à la ré« putation, à la probité, touche à l'*honneur* ; « et l'on peut sans blesser l'*honneur* porter at« teinte à la *considération*. Dire méchamment qu'un négociant a éprouvé des pertes, « qu'il gère avec inhabileté son négoce, annon« cer faussement tel ou tel fait à l'appui de « l'imputation, c'est laisser son *honneur* intact, « c'est nuire pourtant à la considération dont « il jouit. » (Séance du 19 avril.)

Les art. 368 et 370 du Code pénal, qui admettaient la preuve des faits, et dispensaient de la peine si elle était produite, sont abrogés formellement par l'art. 26 de la présente loi.

II. La diffamation et l'injure sont toujours de droit réputées avoir été faites dans l'intention de nuire, sauf l'appréciation des circonstances par les tribunaux, auquel cas le jugement doit énoncer ces circonstances. (Arr. C. C., 15 mars 1821 ; Bull., p. 97 ; Dalloz, Jurisp. gén., t. XI, p. 123.)

Sous l'empire du Code pénal la calomnie était aussi toujours réputée avoir été faite dans l'intention de nuire, à la différence de la *dénomination calomnieuse*, qui peut être excusée par l'intention. (Arr. C. C., 25 octobre 1816 ; Bull., p. 106 ; Sirey, 1817-1-19 ; Dalloz, Jurisp. gén., t. XI, p. 98, et du 4 août 1817 ; Bull., p. 217.) — Cette distinction doit subsister entre la *dénonciation* et la *diffamation*.

III. La circonstance que des propos diffamatoires n'auraient été tenus qu'en répondant à une interpellation adressée à celui qui les a proférés, ou que d'autres individus les auraient déjà tenus auparavant, ne saurait être considérée comme excuse ; la réponse formelle à une imputation précise est plutôt une aggravation qu'une excuse. (Arr. C. C. du 4 novembre 1831 ; Bull., p. 480 ; Sirey, 1832-1-353 ; Dalloz, 1831-1-355.)

IV. C'est aux tribunaux qu'il appartient d'apprécier si les expressions employées par un prévenu constituent des *termes de mépris*. Il ne peut jamais résulter d'ouverture à cassation de la qualification qui peut être donnée par les tribunaux, sous le rapport de l'injure, à des discours, à des termes ou à des expressions ; il suffit que les juges déclarent d'une manière générale, qu'il y a eu des expressions outrageantes, termes de mépris, ou invectives, sans néanmoins imputation d'un fait précis. (Arr. C. C., 11 avril 1822 ; Bull., p. 167 ; Sirey, 1822-1-372 ; Dalloz, Jurisp. gén., t. XI, p. 100.)

Les arrêts suivans de la cour de cassation servent toutefois à établir les circonstances constitutives de la diffamation ou de l'injure. Ils peuvent guider les tribunaux dans leurs appréciations :

L'allégation ou l'imputation d'un fait portant atteinte à la considération, ne constituent le délit de diffamation que lorsqu'ils ont été effectués par l'un des moyens de publication énoncés dans l'art. 1er de la loi du 17 mai 1819 ; autrement elles ne sont que de simples injures. (Arr. C. C., 23 août 1821 ; Bull., n° 135.)

L'allégation ou l'imputation faite publiquement d'un fait qui porte atteinte à l'honneur et à la considération d'autrui, doit être réputée de droit faite avec intention de nuire, et constitue ainsi une diffamation. Le prévenu qui invoque une exception à cette règle, c'est-à-dire qui prétend avoir agi sans intention, doit prouver son allégation. (Arr. C. C., 15 mars 1821 ; Bull., n° 36.)

Dire à un magistrat, dans l'exercice de ses fonctions, *qu'il ne remplit pas ses devoirs*, *qu'il n'y a aucun ménagement à garder avec lui*, ne constitue qu'une injure verbale et non une diffamation. (Arr. C. C., 12 avril 1822 ; Bull., n° 59.)

Il ne suffit pas que les propos tenus contiennent l'imputation d'un fait, le tribunal qui en connaît doit déclarer en outre qu'ils ont été tenus dans un lieu public. (Arr. C. C., 2 décembre 1819 ; Bull., n° 127.)

Un tribunal correctionnel ne peut se reconnaître compétent pour juger un délit de diffamation, sans déclarer en fait la publicité des discours dénoncés. (Arr. C. C., 3 janvier 1822, Bull., n° 5.)

Un tribunal qui a déclaré un plaignant recevable dans la plainte en diffamation, doit, s'il acquitte le prévenu, déclarer que la diffamation n'a pas eu lieu par les moyens énoncés dans l'art. 1er de la loi du 17 mai 1819. (Arr. C. C., 3 août 1829 ; Bull., n° 108.)

Un arrêt peut, sans contradiction, déclarer qu'un écrit n'est pas diffamoire, mais injurieux. (Arr. C. C., 9 février 1821, Bull., n° 28.)

L'imputation publique d'un vol est une diffamation, et le tribunal de police ne peut en retenir la connaissance, même en déclarant

14. La diffamation et l'injure commises par l'un des moyens énoncés en l'article 1er de la présent loi, seront punies d'après les distinctions suivantes.

15. La diffamation ou l'injure envers les cours, tribunaux ou autres corps constitués, sera punie (d'un emprisonnement de quinze jours à deux ans, et d'une amende de 50 francs à 4,000 francs.)

---

le fait excusable et en réduisant la peine. (Arr. C. C., 20 janvier 1824; Bull., n° 9.)

Si l'imputation d'un fait portant atteinte à l'honneur et à la considération d'un citoyen faite par un témoin dans sa déposition, se rapporte aux faits de la cause, elle ne peut motiver une plainte en diffamation, mais bien une plainte en faux témoignage. (Arr C. C., 1er juillet 1825; Bull., n° 125.)

Les allégations diffamatoires ne sont pas étrangères aux faits de la cause, lorsquelles ont pour objet d'affaiblir le degré de confiance que peut mériter la déposition d'un autre témoin. [rr. C. C., 1er juillet 1825; Bull., n° 125.]

L'injure ou la diffamation ne sont des faits punissables qu'autant qu'il y a eu *publicité*. Cette circonstance doit être constatée dans le jugement. (Arr. C. C., 7 janvier 1826; Bull., n° 3.)

La diffamation commise dans un discours tenu en chaire, rentre dans les cas d'abus spécifiés par la loi. (Arr. C. C., 25 août 1827; Bull., n° 226.)

Il y a diffamation dans le fait de dire publiquement à un individu *qu'il est un reste de prison, qu'on a des motifs pour l'y faire remettre, et qu'il ira encore*. (Arr. C. C., 15 février 1828; Bull., n° 39.)

Le délit de diffamation contre un particulier, n'est pas un délit politique auquel l'amnistie puisse être appliquée. (Arr. C. C., 22 septembre 1832, n° 372.)

Art. 14.—La loi du 9 septembre 1835, art. 9, permet de doubler toutes les peines prononcées par cet article et les suivans pour diffamation.

I. La relation de l'art. 1er indique assez que la *publicité* est nécessaire pour constituer les délits qu'il punit. — Voy. d'ailleurs un arrêt rapporté sous le n° précédent.

Pour la diffamation écrite, la *publicité* de l'imputation résulte de la publicité réelle ou présumée de l'écrit qui la contient.

Ainsi, elle ne résulterait pas :

1° D'un *acte notarié* si on n'articulait et n'établissait pas qu'il eût été distribué ou publié. (Arr. C. C. du 7 mars 1823; Bull., p. 90.)

2° D'une *pétition* non publiée, mais seulement adressée au ministre pour obtenir une destitution. (Arr. C. C. du 25 octobre 1816; Bull. p. 186; Sirey, 17-1-19; Dalloz, Jur. gén., t. XI, p. 98.)

3° D'une *requête signifiée d'avoué à avoué*, mais non vendue, distribuée ou affichée. (Arr. C. C. 27 août 1818; Bull. p. 352; Sirey, 18-1-406 et 407; Dalloz, Jur. gén., XI, 131.)

Mais la publicité résulte :

1° D'un *acte* déposé au *greffe*. Il est par cela seul public. (Arr. C. C. 22 août 1818; Bull. p. 131; Sirey, 28-1-337; Dalloz, 28-1-399.)

2° De tout *écrit* vendu ou distribué. (Arr. C. C. 18 avril 1829; Bull. p. 169; Dalloz, Jur. gén., XI, 113.)

II. Voyez au surplus, pour les caractères constitutifs de la publicité, surtout en cas de *diffamation verbale*, les notes sur l'art. 1er

III. La diffamation *non publique* constitue une injure passible des peines de police. (Arr. C. C. du 2 décembre 1819; Bull. p. 386; Sirey, 20-1-148; Dalloz, Jur. gén., XI, 104; et du 23 août 1821; Bull. p. 385; du 10 juillet 1834, Bull. p. 35.

IV. La publication par les journaux des procès en diffamation jugés à huis clos, est interdite. — Voy. art. 16, loi du 18 juillet 1828 et la loi du 9 sept. 1835, art 10.

V. Pour constituer le *délit* d'injure, la publicité est aussi essentielle que pour la diffamation. (Arr. C. C. du 23 août 1821; Bull. p. 384; et du 11 septembre 1833; Bull. p. 767; Dalloz, 28-1-413.)

L'injure *verbale* n'est pas punissable quand elle a été provoquée. Les tribunaux sont appréciateurs de la provocation. (Arr. C. C., 11 octobre 1827; Bull. p. 833; Sirey, 28-1-60; Dalloz, 27-1-17.)

Quand de deux plaignans en injure on ignore lequel a été provoquant ou provoqué, il faut les absoudre tous deux. (Arr. C. C., 1er septembre 1816; Bull. p. 476; Sirey, 27-1-259; Dalloz, 27-1-17.)

VI. La *réparation d'honneur* n'étant point au nombre des peines indiquées pour l'injure, soit comme principale, soit comme accessoire, les tribunaux n'y peuvent condamner le délinquant, comme dans le cas de l'art. 226 du Code pénal. (Arr. C. C. du 24 avril 1828; Bull. p. 239; Sirey, 29-1-47; Dalloz, 1823-1-244.)

Art. 15. — I. Remplacé et reproduit par l'art 5 de la loi du 25 mars 1822. « L'art. 5, « dit l'exposé des motifs, répète l'art. 15 de « la loi du 17 mai, en réparant une omission « relative aux *autorités et administration publiques.* » Pour la poursuite Voy. l'art. 4 de la loi du 26 mai 1819.

Un tribunal saisi de la connaissance d'une plainte en diffamation commise par la voie de

16. La diffamation envers tout *dépositaire* ou agent de l'autorité publique, pour des faits relatifs à ses fonctions, sera punie (d'un emprisonnement de huit jours à dix-huit mois, et d'une amende de 50 francs à 3,000 francs.)

L'emprisonnement et l'amende pourront, dans ce cas, être infligés cumulativement ou séparément, selon les circonstances.

17. La diffamation envers les ambassadeurs, ministres plénipotentiaires, envoyés, chargés d'affaires ou autres agens diplomatiques accrédités près du roi, sera punie (d'un emprisonnement de huit jours à dix-huit mois, et d'une amende de 50 fr. à 3,000 francs, ou de l'une de ces deux peines seulement, selon les circonstances.)

18. La diffamation envers les particuliers sera punie (d'un emprisonnement de cinq jours à un an et d'une amende de 25 francs à 2,000 francs, ou de l'une de ces deux peines seulement, selon les circonstances.)

19. L'injure contre les personnes désignées par les articles 16 et 17 de la présente

---

la presse, envers un corps contitué, n'excède pas ses pouvoirs en recherchant si les actes critiqués émanent véritablement de ce corps, s'ils sont l'ouvrage d'une réunion ou d'un corps reconnu par la loi. (Arr. C.C. 28 avril 1826; Bull. n. 81.)

Mais il est incompétent pour rechercher si un corps constitué, tel qu'un conseil municipal dont on attaque les actes, était composé d'un nombre suffisant de membres présens, ou si la présence de ces membre a été suffisamment constatée. (Même arrêt.)

La garde nationale ne doit pas être considérée comme un corps constitué, mais seulement comme une classe de citoyens quand ils sont outragés hors de l'exercice de leurs fonctions d'agens de la force publique. (Arr. C.C. 29 avril 1831. Bull. n. 101. V. note. III sur l'art. suivant.)

Art. 16.—I. Dans ce cas la preuve des faits diffamatoires est admise, et elle efface la culpabilité. (Loi du 26 mai 1819 art. 20.)

II. Si les faits ne sont pas *relatifs aux fonctions*, il faut appliquer l'art. 18. A l'exception des magistrats, envers lesquels l'outrage est puni toutes les fois qu'il y a lieu *pendant qu'ils sont en fonctions*, ou a l'occasion de leurs fonctions. (C. pén. art. 222. V. en le texte, art. 6, loi du 25 mars 1822.)— Pour la poursuite, V. l'art. 5, loi du 26 mai 1819.

III. On pourrait croire que cet art. a été abrogé par l'art. 6 de la loi du 25 mars 1822, qui augmente la peine. Mais il faut remarquer que cet art. 6, et par ce que des *fonctionnaires* sont des *agens* de l'autorité publique. Envers ces *agens* l'injure et la diffamation doivent toujours être punis par application de l'art. 16.

Ainsi jugé par la cour de cassation pour des *injures* adressées :

1° A des *gardes nationaux* que l'arrêt qualifie *agens* de la force publique. (Arr. C.C. du 24 février et du 17 mai 1832; Bull. p. 45 et 263; Sirey 32-1-541; Dalloz 32-1-190 et 313.)

2° A des appariteurs ou *agens de police* dont l'existence est consacrée par l'art. 77 du décret du 18 juin 1811. (Arr. C.C. 18 avril 1829; Bull. p. 496; Sirey 30-1-157; Dalloz 19-1-350.)

3° A des *sergens de ville*. (Arr. C.C. du 6 juin 1832; Bull. p. 313; Sirey 32-1-856; Dalloz 1833-1-86; et du 9 mars 1833; Bull. p. 126; Sirey 33-1-608; Dalloz 33-1-258.) — V. au surplus la loi du 25 mars 1822 art. 6 et les notes.

IV. Toutefois cet art. 16 qui ne punit la diffamation qu'autant qu'elle a été rendue publique *par l'un des moyens énoncés en l'article* 1er; a été modifié en ce qui concerne les fonctionnaires par l'art. 6 de la loi du 25 mars 1822, qui punit l'outrage à eux fait publiquement d'une manière quelconque. (Arr. du 18 juillet 1828. C. C. Rejet. Bull. n. 212.)

Les avoués ne sont pas des fonctionnaires publics dans le sens de l'art. 16 de la loi du 17 mai 1819. (Arr. C.C. 14 avril 1831. Bull. n. 80.)

Depuis la loi du 8 octobre 1830, le délit d'injures envers les agens de l'autorité publique ne peut être poursuivi que sur la plainte des parties lésées. (Arr. 5 août 1831. C.C. Rejet. Bull. n. 177.)

Art. 17. — Cet article punit la diffamation contre les ambassadeurs etc., qu'ils soient ou non en fonctions, par suite de la protection spéciale dont les couvre le droit des gens. — Pour la poursuite voy. l'art. 6, loi du 26 mai 1819.

Art. 18. — I. Il s'agit toujours de diffamation *publique*.— Voy. la note sur l'art. 14. — Pour la poursuite, voy. l'art. 5, loi du 26 mai 1819.

II. La diffamation, commise en France, par un étranger résidant, contre un étranger même non résidant, peut être poursuivie en France (Arr. C. C. 22 juin 1826; Sirey, 27-1-200; Dalloz, 1826-1-387).

Voy. l'art. 23 et les notes.

Art. 19. — I. Il est de tout point conforme à l'esprit de la loi d'appliquer à l'*injure* la distinction qu'elle fait pour la diffamation entre

loi sera punie d'un emprisonnement de cinq jours à un an, et d'une amende de vingt-cinq francs à deux mille francs, ou de l'une de ces deux peines seulement, selon les circonstances.

L'injure contre les particuliers sera punie d'une amende de seize francs à cinq cents francs.

20. Néanmoins, l'injure qui ne renfermerait pas l'imputation d'un vice déterminé, ou qui ne serait pas publique, continuera d'être punie des peines de simple police.

CHAP. VI. — *Dispositions générales.*

21. Ne donneront ouverture à aucune action, les discours tenus dans le sein de l'une des deux Chambres, ainsi que les rapports ou toutes autres pièces imprimées par ordre de l'une des deux Chambres.

22. Ne donnera lieu à aucune action, le compte fidèle des séances publiques de la Chambre des Députés, rendu de bonne foi dans les journaux.

23. Ne donneront lieu à aucune action en diffamation ou injure, les discours prononcés ou les écrits produits devant les tribunaux; pourront, néanmoins, les juges saisis de la cause, en statuant sur le fond, prononcer la suppression des écrits injurieux ou diffamatoires, et condamner qui il appartiendra en des dommages-intérêts.

Les juges pourront aussi, dans le même cas, faire des injonctions aux avocats et officiers ministériels, ou même les suspendre de leurs fonctions.

La durée de cette suspension ne pourra excéder six mois; en cas de récidive, elle sera d'un an au moins et de cinq ans au plus.

Pourront, toutefois, les faits diffamatoires étrangers à la cause donner ouverture, soit à l'action publique, soit à l'action civile des parties, lorsqu'elle leur aura été réservée par les tribunaux, et, dans tous les cas, à l'action civile des tiers (*a*).

---

les fonctionnaires ou agens *en fonctions* et ceux qui n'y sont pas. Voyez l'art. 16 et la note. — Voyez aussi l'art. 6 de la loi du 25 mars 1822.

II. L'injure publique et l'injure faite à un agent de police, dans l'exercice de ses fonctions, constituent un délit correctionnel. (Arr. C. C. 15 février 1838. Bull. n° 39.)

III. Les injures et propos calomnieux, proférés dans des lieux publics contre un particulier, doivent être punis de la peine prévue par l'art. 19 de la loi du 17 mai 1819 (Arr. C. C. Bull. 24 avril 1828 n° 123.)

IV. Le tribunal qui ordonne que l'individu condamné pour injures fera réparation d'honneur, commet un excès de pouvoir. (Même arrêt.)

V. Le ministère public est non recevable à poursuivre la réparation de l'injure faite à un particulier, lorsque ce particulier ne s'est point porté partie plaignante. (Arr. C. C. 19 juin 1828. Bull. n° 178.)

VI. L'injure, qui ne renferme point l'imputation d'un vice déterminé et qui n'a pas été proférée dans un lieu public, ne cesse point, quelle que soit sa gravité, d'être de la compétence du tribunal de simple police. (Arr. C. C. 11 septembre 1823, — Règlement de juges, Bull. n° 258.)

ART. 20. — I. Cet article doit s'appliquer aux injures commises envers des fonctionnaires comme à celles commises envers des particuliers. En effet le projet terminait l'art. par ces mots : *si elle a été commise envers des particuliers*. Mais ils furent effacés dans la discussion. (Voyez toutefois les notes sur l'art. 16 et sur la loi du 25 mars 1822, *art. 6.*)

II. Les peines de police, indiquées par cet article, sont l'amende depuis 1 franc jusqu'à 5 francs, et, en cas de récidive, l'emprisonnement pour trois jours au plus. (Code pénal, art. 471 et 474.)

III. L'injure peut résulter d'une lettre, mais dans ce cas l'action est toujours du ressort de la simple police, parce que l'injure n'est pas publique. (Arr. C. C. du 10 avril 1817; Sirey, 18-1-24; Dalloz, Jurisp. gén. XI, 130, — et du 20 juin 1817; Bull. p. 130; Dalloz, ibid. p. 115.)

ART. 21. — Cet article ne couvre pas de son bénéfice les opinions que les députés font imprimer et distribuer, ni une pétition outrageante et diffamatoire qui serait publiée ou colportée. Il faut appliquer l'article à la lettre. (Discussion, séance de la chambre des députés 21 avril, 1819.)

ART. 22. — Si le compte-rendu est de *mauvaise foi*, l'art. 7 de la loi du 25 mars 1822, réprime ce délit.

ART. 23. — Cet article remplace l'art. 377 du Code pénal. Le principe en est l'interdiction des poursuites, qui doit rendre la défense plus libre en toute matière. — Dans sa dernière disposition, il fait exception pour les faits *diffamatoires*. Ce serait aller contre son principe que d'étendre cette exception à l'injure.

II. L'art. 23 n'est relatif qu'au cas de diffamation ou injure entre les parties elles-mêmes ou à l'égard des tiers; il ne s'applique pas à

24. Les imprimeurs d'écrits dont les auteurs seraient mis en jugement en vertu

des discours qui, indépendamment des diffamations ou injures qu'ils pourraient contenir, constitueraient par eux-mêmes des délits politiques. (Arr. du 27 février 1332. — C. C. rejet.—Bull., n° 79.)

III. La personne qui se prétend diffamée dans une pétition produite devant la chambre des députés, a le droit d'intenter directement son action devant le tribunal correctionnel. La défense d'intenter une action particulière en diffamation pour les écrits produits devant les tribunaux, n'est point applicable à ce cas (Arr. C. C. 2 août 1821; Bull. n° 125.)

IV. Un mémoire, publié pendant les débats d'une cour d'assises pour la défense de l'accusé, n'a pas le caractère d'un *écrit produit devant les tribunaux*. (Arr. C. C. 11 août 1820; Bull. n° 113.)

De même un article publié dans un journal à l'occasion d'un procès qu'on a instruit. (Arr. C. C. 25 juin 1831; Dalloz 1831-1-273.)

De même encore un mémoire publié, à l'occasion d'un procès, entre le jugement de première instance et l'appel. (Arr. C. C. du 21 juillet 1832; Sirey 33-1-336; Dalloz, 1833-1-23.)

Un écrit, composé par une partie dans l'intérêt de la défense, ne peut donner lieu à une action en diffamation qu'autant qu'il contiendrait des faits diffamatoires *étrangers à la cause*.

(Arr. C. C. 2 avril 1825; Bull. n° 63).

Lors même que les allégations prétendues diffamatoires auraient été dirigées contre des tiers, l'arrêt qui prononcerait le renvoi de l'auteur devant des tribunaux correctionnels n'en devrait pas moins déclarer à peine de nullité, que ces allégations sont étrangères à la cause.

(Arr. C. C. 2 avril 1825; Bull. n° 63.)

Une plainte en faux, déposée au greffe, n'est pas un écrit produit en justice, dans le sens de l'art. 23 de la loi du 17 mai 1819, s'il n'existait aucun procès antérieur entre le plaignant et celui qui est l'objet de la plainte, et l'action en diffamation peut être exercé à raison de cette plainte.

(Arr. C. C. du 22 août 1829. — C. C.—Rejet; bull, n° 244.)

Les écrits distribués dans le cours d'une instance civile, lors même qu'ils n'ont pas été signifiés comme défenses ou comme pièces du procès, ne peuvent donner lieu à l'action en diffamation que pour les faits y énoncés, qui ont été déclarés étrangers à la cause.

(Arr. C. C. 6 février 1829; Bull. n° 32.)

V. Si une cour a refusé de statuer sur une demande en suppression d'injures, en déclarant que l'écrit injurieux *n'a pas été produit* devant elle, et qu'elle n'a de moyen de constater si une distribution en a été faite, cette déclaration suffit pour que l'action soit ultérieurement recevable devant le tribunel correctionnel, quand bien même il serait avéré que des passages de l'écrit ont été discutés devant la cour. (Arr. de rejet, 24 décembre 1830 Sirey, 1832-1-769; Dalloz, 1832-1-2391.)

VI. Pour qu'il y ait action et que les juges correctionnels soient légalement saisis par le renvoi que prononcent les juges du fond, il faut que les faits aient été déclarés, par le jugement ou l'arrêt de renvoi, *étrangers à la cause*. (Arr. C. C. 2 avril 1825 Bull., p. 189; Dalloz, 1825-1-297. Id., du 6 février 1829, ci-dessus cité Bull., p. 83; Sirey, 1829-1-170.)

VII. La disposition de l'art. 23, qui fixe à six mois le *maximum* de la suspension d'un avocat, n'est relative qu'aux discours prononcés et aux écrits produits devant les tribunaux, qui contiendraient des faits diffamatoires à l'égard des parties en cause. Cette disposition restrictive ne saurait être étendue aux manquemens que les avocats commettraient en infraction au respect qui leur est commandé par leur serment pour les tribunaux et pour les autorités publiques, et à la défense qui leur est faite d'attaquer les principes de la monarchie, la Charte et les lois du royaume. Il n'existe à leur égard, sur ce point, d'autres limites à l'exercice du pouvoir disciplinaire, que celles qui sont fixées par les art. 18 et 43 de l'ordonnance du 20 novembre 1822. (Arr. C. C. 25 janvier 1834; Bull., p. 35; Sirey, 34-1-86; Dalloz, 1834-1-91.)

VIII. Un particulier, diffamé ou injurié dans les motifs d'un jugement, a-t-il action en réparation, quel genre d'action, et contre qui? Voyez, sur ce point, les *énonciations* d'un arrêt du 29 janvier 1824. (Sirey, 24-1-344; Dall., Jurisp. gén., t. XI, p. 309.)

IX. L'art. 23 ne concernant que la diffamation et l'injure résultant, envers la partie ou les tiers, des discours prononcés ou des écrits produits devant les cours ou tribunaux, l'action du ministère public reste entière en ce qui touche les autres délits dont les parties pourraient se rendre coupables à l'occasion de leur défense. (Arr. C. C. 27 février 1832; Bull., p. 118; Sirey, 1832-1-173; Dalloz, 32-1-93.)

X. Pour les droits des témoins se considérant comme tiers diffamés, V. l'art. 6, loi du 25 mars 1822.

Art. 23. (*a*)—Et dans ce cas «les journaux ne « pourront, à peine de deux mille francs d'a- « mende, publier ces faits ni donner l'ex- « trait des mémoires qui les contiendraient.» (Art. 15 et 16 de la loi du 18 juillet 1828.)

Art. 24. — Voy. l'art. 7 ci-dessus, et l'art. 60 du Code pénal, qui est transcrit en note.

de la présente loi, et qui auraient rempli les obligations prescrites par le titre II de la loi du 21 octobre 1814 ; ne pourront être recherchés pour le simple fait d'impression de ces écrits, à moins qu'ils n'aient agi sciemment, ainsi qu'il est dit à l'article 60 du Code pénal, qui définit la complicité.

25. En cas de récidive des crimes et délits prévus par la présente loi, il pourra y avoir lieu à l'aggravation des peines prononcée par le chapitre IV, livre 1er du Code pénal.

26. Les articles 102, 217, 367, 368, 369, 370, 371, 372, 374, 375, 377 du Code pénal, et la loi du 9 novembre 1815, sont abrogés.

Toutes les autres dispositions du Code pénal, auxquelles il n'est pas dérogé par la présente loi, continueront d'être exécutées.

LOI DU 26 MAI 1819.

Relative à la poursuite et au jugement des crimes et délits commis par la voie de la presse ou par tout autre moyen de publication.

[Louis XVIII. — M. de Serre]

Art. 1er. La poursuite des crimes et dé-

Un imprimeur peut être condamné comme complice, si l'écrit poursuivi a été imprimé par lui sciemment. (Arr. C-C. 15 octobre 1825, Bull. n° 209.)

L'associé d'un imprimeur qui a imprimé sciemment en l'absence et dans l'imprimerie de ce dernier, un écrit qui fait l'objet d'une action criminelle, peut être poursuivi comme complice de cet écrit. (Arr. 31 août 1832. C. C. Rejet. Bull. n° 334.)

Art. 25. — Voici les art. du code pénal auxquels se réfère cet article :

Art. 56. Quiconque, ayant été condamné pour crime, aura commis un second crime emportant la dégradation civique, sera condamné à la peine du banissement.

Si le second crime importe la peine du bannissement, il sera condamné à la peine de ladétention.

Si le second crime entraîne la peine de la réclusion, il sera condamné à la peine des travaux forcés à temps ;

Si le second crimes emporte la peine de la détention, il sera condamné au *maximum* de la peine, laquelle pourra être élevée jusqu'au double.

Si le second crime emporte la peine des travaux forcés à temps, il sera condamné aux *maximum* de la même peine, laquelle pourra être élevée jusqu'au double.

Si le second crime emporte la peine de la déportation, il sera condamné aux travaux forcés à perpétuité.

Quiconque ayant été condamné aux travaué forcés à perpétuité aura commis un second crime emportant la même peine, sera condamné à la peine de MORT.

Toutefois, l'individu condamné par un tribunal militaire ou maritime, ne sera, en cas de crime ou délit postérieur, passible des peines de la récidive, qu'autant que la première condamnation aurait été prononcée pour des crimes ou délits punissables d'après les lois pénales ordinaires.

Art. 57. Quiconque, ayant été condamné pour un crime, aura commis un délit de nature a être puni correctionnellement, sera condamné au *maximum* de la peine portée par la loi ; et cette peine pourra être élevée jusqu'au double.

Art. 58. Les coupables condamnés correctionnellement à un emprisonnement de plus d'une année, seront aussi, en cas de nouveau délit, condamnés au *maximum* de la peine portée par la loi ; et cette peine pourra être élevée jusqu'au double : ils seront de plus mis sous la surveillance spéciale du gouvernement pendant au moins cinq années, et dix ans au plus.

C'est l'application du principe proclamé par la cour de cassation dans un grand nombre d'arrêts, dont le plus récent est celui du 12 septembre 1829 (Bull. p. 457 ; Sirey 30-1-108 ; Dalloz 1829-1-355.) ; que l'art. 56 du code pénal s'applique aux crimes et délits prévus par des lois postérieures à ce code, lorsque celles-ci ne dérogent pas au droit commun sur ce point.

Seulement dans le cas de l'art. 25, l'application n'est pas obligatoire, mais facultative.

A moins toute fois que la 1re condamnation n'ait été prononcée en vertu du code pénal (Arr. précité du 12 septembre 1829, et Arr. C. C. du 13 septembre 1832 ; Bull. p. 480 ; Sirey 33-1-191 ; Dalloz 1833-1-691.)

La condamnation à une peine correctionnelle prononcée par la *chambre des députés* contre un journaliste qui l'a offensé, suffit pour que dans le cas d'un nouveau délit correctionnel, il y ait lieu à l'application des peines de la récidive. (Arr. C. C. du 19 octobre 1833, affaire *Lionne gérant de la tribune* ; Sirey 1834-1-46 ; Dalloz 1833-1-357.)

Art. 26. — L'art. 373 du code pénal n'étant pas compris dans l'abrogation prononcée par l'art. 26, l'art. 372 devra dans les cas prévus par l'art 373 recevoir son application. C'est un principe qui doit survivre à l'abrogation du texte, ainsi que l'a décidé la cour de cassation dans un arrêt du 25 février 1826 (Bull. p. 98 ; Sirey 26-1-397 ; Dalloz 1829-1-258.) C'est d'ailleurs une nécessité qui apparaît à la seule lecture des art. 372 et 373 :

372. Lorsque les faits imputés seront punissables suivant la loi, et que l'auteur de l'imputation les aura dénoncés, il sera, durant l'instruction sur ces faits, sursis à la poursuite et au jugement de délit de calomnie.

373. Quiconque aura fait par écrit une dénonciation calomnieuse contre un ou plusieurs individus, aux officiers de justice ou de police administrative ou judiciaire, sera puni d'un emprisonnement d'un mois à un an, et d'une amende de cent francs à trois mille francs.

Loi du 26 mai 1819.

Présentation à la *chambre des députés* le 22 mars. — Nomination de la commission le

lits commis par la voie de la presse, ou par tout autre moyen de publication, aura lieu d'office et à la requête du ministère public, sous les modifications suivantes.

2. Dans le cas d'offense envers les Chambres ou l'une d'elles, par voie de publication, la poursuite n'aura lieu qu'autant que la Chambre, qui se croira offensée, l'aura autorisée.

3. Dans le cas du même délit contre la personne des souverains et celle des chefs des gouvernemens étrangers, la poursuite n'aura lieu que sur la plainte ou à la requête du souverain ou du chef du gouvernement qui se croira offensé.

4. Dans les cas de diffamation ou d'injure contre les cours et tribunaux, ou autres corps constitués, la poursuite n'aura lieu qu'après une délibération de ces corps, prise en assemblée générale et requérant les poursuites.

5. Dans le cas des mêmes délits contre

1er avril. Rapport (M. Cassaignoles) le 17. — Discussion du 22 au 30 avril. — Adoption le 30.

Présentation à la *chambre des pairs* le 4 mai. — Rapport le 19. — Discussion et adoption le 24.

Sanction le 26 mai. — Promulgation le 27. Commissaires du roi MM. Cuvier et Guizot. — Voyez la première note sur la loi du 17 mai 1819.

ART. 2. — I. Voyez l'art. 15 de la loi du 25 mars 1822 qui laisse aux chambres la faculté de juger elles-mêmes. En tous cas le ministère public doit attendre la décision de la chambre.

II. Une chambre *dissoute* ne peut se réunir pour autoriser des poursuites. Cependant elle peut être offensée ou l'avoir été la veille ou l'avant-veille de sa dissolution. Il semblerait qu'en ce cas il dût y avoir exception à l'art. 2, mais il n'en est pas ainsi; (arr. c. c. 7 décembre 1827; Bull. p. 908; Sirey 28-1-186; Dalloz 1828-1-51.)

ART. 2, 3, 4, 5. — I. Les délits dont parlent ces articles sont prévus par les articles 11, 12, 15, 16, 17 et 18 de la loi du 17 mai 1819. — Voyez les notes sur ces divers articles.

II. Lorsque l'auteur de la diffamation ou de l'injure s'attaque à la généralité des agens dépendant d'une même administration, sans en désigner aucun, le prévenu peut être poursuivi sur la plainte du chef de cette administration. Ainsi jugé à l'égard du préfet de police (Arr. C. C. 16 juin 1832; Bull. p. 313; Sirey 1832-1-856; Dalloz 1833-1-86.)

III. *Sur l'art.* 4. L'art. 5 de la loi du 25 mars 1822 a étendu aux *autorités* et *administrations publiques* les dispositions de l'art. 15 de la loi du 17 mai, dont l'art. 4 de la présente loi règle l'application. Mais la loi de 1822, qui abrogeait celle du 26 mai 1819, n'exigeait aucune *plainte préalable* pour autoriser la poursuite par le ministère public. (art. 17.) La loi du 8 octobre 1830 ayant fait revivre la loi du 26 mai 1819, faut-il étendre aux *autorités et administrations* la nécessité de la plainte, exigée par la loi de 1819 par les *cours, tribunaux* et *corps constitués?* Ou bien faudra-t-il appliquer la lettre de la loi de 1822 et faire une distinction, exiger la plainte pour les *cours*, etc., ne pas l'exiger pour les *autorités* etc. ?

Nul doute que ce ne soit l'esprit de la législation du 26 mai qu'il faille appliquer. Car ce n'est que par addition à l'art. 15 de la loi du 17 mai, que la loi de 1822 avait puni la diffamation et l'injure contre les autorités et administrations. Elle avait en même tems effacé tout le système de procédure de 1819. La loi de 1830, en faisant revivre tout ce système, a dû l'appliquer tout entier non-seulement aux délits définis par la loi du 17 mai 1819, mais aussi à ceux définis par la loi de 1822. — Les motifs sont d'ailleurs les mêmes pour ne pas permettre que le ministère public puisse mettre son cause, sans un consentement préalable, une autorité ou administration quelconque, pas plus qu'une cour ou un corps constitué.

IV. La délibération d'un corps administratif n'étant point en pareil cas, un acte d'administration, il importerait peu qu'envisagée sous ce dernier rapport elle fut sujette à critique. Elle n'en vaudrait pas moins comme plainte et comme autorisation de poursuivre. (Arr. C.C. 10 novembre 1820; Bull. p. 420; Dalloz. jurisp. génér. t. IV. p. 307.)

Le tribunal, saisi de la plainte en diffamation d'un corps constitué, ne peut juger la régularité des actes qui ont provoqué ce délit. Ainsi peu importe que les actes émanent d'un conseil municipal, irrégulièrement constitué; s'il y a diffamation, la diffamation n'en est pas moins punissable. (Arr. C. C. 28 avril 1826, Bull. p. 232. Sirey 27-1-274; Dalloz. 1826-1-354.)

V. L'art. 4 n'est pas applicable aux délits commis contre un tribunal à son audience. (Arr C. C. Rejet, 27 février 1832, Bull. n. 79.)

Le ministère public auquel la loi interdit d'exercer son action d'office pour le délit de diffamation, rentre dans la plénitude de ses droits, une fois la plainte portée: il ne peut donc être prononcé de peines, sur l'appel, si l'individu inculpé a été absous par le premier jugement, et si l'appel n'a été interjeté que par le plaignant. (Arr. C. C. 13 avril 1820 Bull. n. 51.)

VI. La règle de l'art. 5., d'après laquelle

tout dépositaire ou agent de l'autorité publique, contre tout agent diplomatique étranger accrédité près du Roi, ou contre tout particulier, la poursuite n'aura lieu que sur la plainte de la partie qui se prétendra lésée.

6. La partie publique, dans son réquisitoire, si elle poursuit d'office, ou le plaignant, dans sa plainte, seront tenus d'articuler et de qualifier les provocations, attaques, offenses, outrages, faits diffamatoires ou injures, à raison desquels la poursuite est intentée, et ce, à peine de nullité de la poursuite.

7. Immédiatement après avoir reçu le réquisitoire ou la plainte, le juge d'instruction pourra ordonner la saisie des écrits, imprimés, placards, dessins, gravures,

---

le ministère public ne peut poursuivre le délit de diffamation ou d'injure envers des particuliers que sur la plainte de la partie lésée, s'applique à toutes sortes d'injures publiques ou non publiques. (Arr. 17 février 1832. C. C. Rejet. Bull. n. 66)

VII. La plainte exigée pour que le ministère public puisse poursuivre les délits de diffamation ou d'injure commis envers tout dépositaire ou agent de la force publique, ou envers tout particulier, n'est pas soumise aux formes prescrites par le code d'instruction criminelle: il appartient aux magistrats de juger si l'action du ministère public a été suffisamment provoquée. (Arr. 23 février 1832. C. C. Rejet. Bull. n. 75.)

L'envoi fait au ministère public d'un procès verbal constatant un délit de diffamation, peut être considéré comme une plainte de la personne diffamée. (Même arrêt.)

VIII. Après la plainte en diffamation de la partie privée, le ministère public peut concourir pour l'exercice de l'action publique. (Arr. du 22 septembre 1832. C. C. Rejet. Bull. n. 372.)

IX. Le ministère public est tenu dans la poursuite des délits prévus par l'art. 7 de la loi du 25 mars 1822, de faire connaître aux prévenus les faits ou les parties des discours qui motivent les poursuites. (Arr. C. C. 7 décembre 1822. Bull. n. 174.)

X. L'annulation des ordonnances de la chambre du conseil et celle des arrêts de la chambre d'accusation, n'entraînent pas la nullité des requisitoires réguliers qui les auraient précédés. (Arr. C. C. 8 septembre 1824. Bull. n. 112.)

XI Le réquisitoire présenté par le ministère public, dans une poursuite contre un journal, à raison de différens articles, contient une qualification suffisante des délits imputés, lorsqu'il y est dit que *chacun* des articles incriminés renferme les mêmes délits, spécialement désignés. (Arr. C. C. 3 février 1832; Bull. n. 38.)

Il y a articulation et qualification suffisante des différens délits de la presse, à raison desquels un prévenu est traduit directement devant la cour d'assises, lorsque le ministère public, dans son réquisitoire, après avoir cité chacun des passages incriminés de l'écrit, fait résulter de leur ensemble et des différentes qualifications qu'il leur attribue, les différens délits qu'il impute au prévenu. (Arr. du 13 juillet 1832. C. C. Rejet. Bull. crim. n. 256.)

XII L'outrage public envers un magistrat, à l'occasion de l'exercice de ses fonctions, ou un corps constitué, peut et doit être poursuivi d'office, encore que la partie offensée n'ait pas rendu plainte, la loi du 25 mars 1822 a dérogé en ce point de celle des 17 et 26 mai 1819. (Arr. C. C. 2 février 1827. Bull. off. n. 22. et 29 avril 1831. Bull. n. 101.)

Art. 6. — Il est évident que le mot *qualifier* que contient cet article, ne doit s'appliquer qu'au réquisitoire du ministère public, ou à la plainte de la partie lésée qui poursuit elle-même directement comme partie civile; mais non à la plainte déposée au parquet, qui n'a pour objet que de provoquer l'action du ministère public.

— C'est ce que décide un arrêt de la Cour de cassation, du 16 juin 1832, portant que, la plainte ne pouvant être séparée du réquisitoire qu'elle provoque, il y a qualification suffisante des faits, si cette qualification se trouve dans le réquisitoire. (Bull. p. 313; Sirey 32-1-856; Dalloz 1833-1-86.

II. La délibération d'un corps administratif ne vaudrait pas moins comme plainte et comme autorisation de poursuivre, quand bien même elle serait comme acte d'administration, sujette à critique. (Arr. C. C. 10 novembre 1810; Bull p. 420; Dalloz, jurisp. gén. T. IV, p. 307.)

III. Il n'y a pas de formes particulières pour la plainte. Il appartient aux magistrats saisis de la poursuite de juger, et l'action du ministère public a été suffisamment provoqué par la personne diffamée ou injuriée. (Arr. C. C. 23 février 1832 Sirey 32-1-622; Dalloz. 1832-1-255.)

Le ministère public, en indiquant dans ses premiers réquisitoires, les articles des lois de 1819 et de 1822 qui caractérisèrent les délits et les pages de l'ouvrage pour savoir où se trouvent les passages incriminés, a suffisamment articulés et qualifiés, conformément au vœu de l'article 6, les provocations, attaques, offenses, et outrages. (Art. C. C. 8 septembre 1824; Sirey 1825.-1-68; Dalloz jurisp. gén. voy *presse* p. 332. — autre arr. C. C. 13 juillet 1832; Sirey 33.-1-805)

Art. 7. — I Après la saisie, le ministère pu-

peintures, emblèmes ou autres instrumens de publication.

L'ordre de saisir et le procès-verbal de saisie seront notifiés, dans les trois jours de ladite saisie à la personne entre les mains de laquelle la saisie aura été faite, à peine de nullité.

8. Dans les huit jours deladite notification, le juge d'instruction est tenu de faire son rapport à la chambre du conseil, qui procède ainsi qu'il est dit au Code d'instruction criminelle, livre 1er, chapitre IX, sauf les dispositions ci-après.

9. Si la chambre du conseil est unanimement d'avis qu'il n'y a pas lieu à poursuivre, elle prononce la main-levée de la saisie.

10. Dans le cas contraire, ou dans le cas de pourvoi du procureur du Roi ou de la partie civile contre la décision de la chambre du conseil, les pièces sont transmises, sans délai, au procureur-général près la cour royale, qui est tenu, dans les cinq jours de la réception, de faire son rapport à la chambre des mises en accusation, laquelle est tenue de prononcer dans les trois jours dudit rapport.

11. A défaut par la chambre du conseil du tribunal de première instance d'avoir prononcé dans les dix jours de la notification du procès-verbal de saisie, la saisie sera de plein droit périmée. Elle le sera également à défaut par la cour royale d'avoir prononcé sur cette même saisie dans les dix jours du dépôt en son greffe de la requête que la partie saisie est autorisée à présenter, à l'appui de son pourvoi, contre l'ordonnance de la chambre du conseil. Tous les dépositaires des objets saisis seront tenus de les rendre au propriétaire sur la simple exhibition du certificat des greffiers respectifs, constatant qu'il n'y a pas eu d'ordonnance ou d'arrêt dans les délais ci-dessus prescrits.

Les greffiers sont tenus de délivrer ce certificat à la première réquisition, sous

---

blic peut ordonner, en outre de son droit général, toutes les informations nécessaires sur les faits.

L'art. 7 ne doit recevoir application, quant à la saisie, que lorsqu'elle est déterminée par un *délit* commis dans le *contenu* de l'écrit. S'il s'agit d'une *contravention* aux lois sur la *police de la presse*, c'est la loi du 28 fevrier 1817 qui règle encore la forme de cette saisie. (Voyez les notes sur cette dernière loi.)

II. Il est évident que le juge d'instruction ne peut ordonner la saisie que quand il y a eu publication. Car le délit n'est constitué que parla publicicité. [Loi du 17 mai 1819, article 1.)

III. Quand il n'y a eu qu'une *perquisition* et un procès-verbal de *perquisition* sans qu'on ait trouvé ouvrage à séquestrer, et qu'ainsi il n'y a pas eu de *saisie* réelle, le défaut de notification n'entraîne pas nullité de la poursuite. [Arr. C. C. 8 septembre 1824; Bull. 2. 355; Sirey. 25-1-68; Dalloz, jurisp. gén. voy. *presse* p. 332 confirmatif d'un arrêt antérieur 24 mai 1821. Bull.. p. 202. Confirmé par arrêt postérieur du 2 avril 1830. Bull. p. 203.)

Art. 8. — Ce délai de 8 jours n'emporte aucune déchéance; car la loi ne la prononce pas. Mais comme l'art. 11 ci-dessous prononce la péremption de la saisie, si la chambre du conseil n'a pas prononcé dans les 10 jours de la notification, un rapport fait après la huitaine laisserait peu de tems à la chambre pour rendre son ordonnance. Et cela est important, car la péremption de la saisie entraîne celle de la poursuite (art. 11).

II. Le chapitre indiqué du code détermine (art. 127 à 136) les fonctions de la *chambre du conseil* (Tribunal de 1re instance). C'est elle qui décide, d'aprés les faits, si l'inculpé doit être renvoyé devant le tribunal de simple police, devant le tribunal correctionnel, ou devant la chambre des mises en accusation (cour royale). Dans ce dernier cas il est décerné contre lui une ordonnance de prise de corps. L'inculpé doit être mis en liberté, s'il n'existe aucune charge contre lui, s'il est renvoyé devant le tribunal de police, et si le délit n'entraîne pas l'emprisonnement.

Art. 10. — Les délais de 5 jours et de 3 jours, prononcés par cet article, n'emportent pas déchéance. — Mais le prévenu peut utilement mettre la cour en demeure en déposant la requête dont parle l'art. 11 contre l'ordonnance de la chambre du conseil.

Art. 11. — I. Voyez les notes sur la loi du 28 février 1817, qu'il faut appliquer aux saisies pour *contraventions* aux lois de police. — Voyez aussi les notes sur les art. 7, 8 et 10 ci-dessus; et l'art. 17 de la loi du 25 mars 1822.

II. L'art. 17 de la loi du 25 mars 1822 n'a pas abrogé l'art. 11 de la loi du 26 mai 1819 qui accorde aux prévenus la faculté de se pourvoir par opposition contre les ordonnances de la chambre du conseil intervenues sur des procès-verbaux de saisie. (Arr. C. C, 13 mai 1826; Bull. n° 97.)

Décision contraire. (arr. c. c. 12 août 1826; Bull. n° 158.)

La notification de la liste des jurés au prévenu, lorsqu'il est en liberté, doit lui être faite à domicile dons les délais prescrits par l'art. 184 du code d'instruction criminelle.

peine d'une amende de trois cents francs, sans préjudice des dommages-intérêts, s'il y a lieu.

Toutes les fois qu'il ne s'agira que d'un simple délit, la péremption de la saisie entraînera celle de l'action publique.

12. Dans les cas où les formalités prescrites par les lois et réglemens concernant le dépôt auront été remplies, les poursuites à la requête du ministère public ne pourront être faites que devant les juges du lieu où le dépôt aura été opéré, ou de celui de la résidence du prévenu.

En cas de contravention aux dispositions ci-dessus rappelées concernant le dépôt, les poursuites pourront être faites soit devant le juge de la résidence du prévenu, soit dans les lieux où les écrits et autres instrumens de publication auront été saisis.

Dans tous les cas, la poursuite à la requête de la partie plaignante pourra être portée devant les juges de son domicile, lorsque la publication y aura été effectuée.

13. Les crimes et délits commis par la voie de la presse ou tout autre moyen de publication, à l'exception de ceux désignés dans l'article suivant, seront renvoyés par la chambre des mises en accusation de la cour royale devant la cour d'assises, pour être jugés à la plus prochaine session. L'arrêt de renvoi sera de suite notifié au prévenu.

14. Les délits de diffamation verbale ou d'injure verbale contre toute personne, et ceux de diffamation ou d'injure par une voie de publication quelconque contre des particuliers, seront jugés par les tribunaux de police correctionnelle, sauf les cas attribués aux tribunaux de simple police.

15. Sont tenues, la chambre du conseil du tribunal de première instance, dans le jugement de mise en prévention, et la chambre des mises en accusation de la cour royale, dans l'arrêt de renvoi devant la cour d'assises, d'articuler et de qualifier les faits à raison desquels lesdits prévention ou renvoi sont prononcés, à peine de nullité desdits jugement ou arrêt.

16. Lorsque la mise en accusation aura été prononcée pour crimes commis par

---

Arr. du 20 juillet 1832; — C. C. rejet; — Bull. crim. n° 278.

Le ministère public n'est pas recevable à se plaindre du retard dans la notifination, lorsque l'accusé ne s'en plaint pas, et réciproquement l'accusé ne pourrait se plaindre d'anticipation sur le délai, lorsque le ministère public ne s'en fait pas un moyen de nullité.

(Même arrêt)

Art. 13. — Reproduit par la loi du 8 octobre 1830, art. 1er. — V. la note sur le titre de la présente loi. Et aussi la loi du 9 septembre 1835, sur la presse, art. 27, qui accorde au ministère public le droit de convoquer des assises extraordinaires.

Art. 14. — I. Maintenu par la loi du 8 octobre 1830, art. 2. — Séance de la chambre des députés 22 mars, 26 avril 1819. — De la chambre des pairs 24 mai 1819. — De la chambre des députés du 20 octobre 1830.

II. Pour la *preuve* des faits diffamatoires devant la police correctionnelle, V. les notes sur l'art. 20.

III. Voy. art. 16 de la loi du 17 mai 1819, et 1er de la loi du 8 octobre 1830.

Un fait de diffamation envers un fonctionnaire public, ne sort de la compétence des tribunaux correctionnels qu'autant que la diffamation a été à la fois publique et verbale. (Arr. C. C. 18 avril 1823. Bull. n° 58.)

Les gardes nationaux d'une localité, s'ils ne forment pas, quant à l'exercice de leurs fonctions, un corps constitué, forment du moins une réunion d'*agens de l'autorité publique*, ils ne doivent pas être considérés comme simples particuliers; dès lors, la diffamation et l'injure dirigée contre eux par la voie de la presse est de la compétence de la cour d'assises. (Arr. du 24 février 1832. C. C. Rejet. Bull. crim. n. 77.)

Les injures *verbales* proférées publiquement contre un maire assistant en cette qualité à une inhumation, sont de la compétence des tribunaux correctionnels. (Arr. 16 mars 1832. — C. C. réglement de juges. — Bull. crim. n. 97.)

Art. 15. — La nullité prononcée par cet article pour défaut de qualification et d'articulation, n'a d'importance que s'il y a eu saisie conformément à l'art. 7. Parceque dans ce cas la nullité de l'ordonnance ou de l'arrêt de mise en accusation, prononcés dans les délais prescrits par l'art. 1, entraîne la péremption de la saisie et de la poursuite.

Mais si la chambre du conseil renvoie devant la police correctionnelle, ou s'il n'y a pas eu saisie, le ministère public ayant, dans ces deux cas, la faculté de citer directement le prévenu, la nullité du jugement de prévention, ou arrêt d'accusation lui importent peu. (V. l'art. 11 cidessous et la loi du 8 avril 1831.) — Maintenant le ministère public peut citer directement le prévenu, même quand il y a saisie. Loi du 9 septembre 1835 sur la presse, art. 24.

Art. 16. — Articles 465 à 478. — Il est jugé sur pièces, et s'il est condamné il a le droit

voie de publication. et que l'accusé n'aura pu être saisi, ou qu'il ne se présentera pas, il sera procédé contre lui, ainsi qu'il est prescrit au livre II, titre IV, du Code d'instruction criminelle, chapitre *des Contumaces.*

(17. Lorsque le renvoi à la cour d'assises aura été fait pour délits spécifiés dans la présente loi, le prévenu s'il n'est présent au jour fixé pour le jugement par l'ordonnance du président, dûment notifiée audit prévenu ou à son domicile, dix jours au moins avant l'échéance, outre un jour par cinq myriamètres de distance, sera jugé par défaut. La cour statuera sans assistance ni intervention de jurés, tant sur l'action publique que sur l'action civile.)

(18. Le prévenu pourra former opposition à l'arrêt par défaut dans les dix jours de la notification qui lui en aura été faite ou à son domicile, outre un jour par cinq myriamètres de distance, à charge de notifier son opposition, tant au ministère public qu'à la partie civile.)

Le prévenu supportera, sans recours, les frais de l'expédition et de la signification de l'arrêt par défaut et de l'opposition, ainsi que de l'assignation et de la taxe des témoins appelés à l'audience pour le jugement de l'opposition.

19. Dans les cinq jours de la notification de l'opposition, le prévenu devra déposer au greffe une requête tendant à obtenir du président de la cour d'assises une ordonnance fixant le jour du jugement de l'opposition : cette ordonnance fixera le jour aux plus prochaines assises, elle sera signifiée, à la requête du ministère public, tant au prévenu qu'au plaignant, avec assignation au jour fixé, dix jours au moins avant avant l'échéance. Faute par le prévenu de remplir les formalités mises à sa charge par le présent article, ou de comparaître par lui-même ou par un fondé de pouvoir au jour fixé par l'ordonnance, l'opposition sera réputée non avenue, et l'arrêt par défaut sera définitif.

20. Nul ne sera admis à prouver la vérité des faits diffamatoires, si ce n'est dans le cas d'imputation contre des dépositaires ou agens de l'autorité, ou contre toutes personnes ayant agi dans un caractère public, de faits relatifs à leurs fonctions. Dans ce cas, les faits pourront être prouvés par-

---

de se présenter pour *purger sa contumace*, c'est-à-dire pour se faire juger de nouveau, contradictoirement.

ART. 17. — I. Il est passé en usage dans la pratique que le prévenu peut, après s'être présenté pour demander une remise, pour faire juger un incident, *déclarer qu'il fait défaut* sur le fond, en retirer. Il ajourne ainsi l'effet des poursuites. — Cet usage est consacré par plusieurs arrêts qui spécifient les circonstances :

Le jugement est par défaut si le prévenu n'a comparu que pour faire valoir un moyen préjudiciel. (ARR. C. C. 7 décembre 1822; Bull. p. 519; Sirey 23-1-30: Dalloz, Jurisp. gén. v° *Presse*, p. 332.)

Celui qui se borne sur l'interpellation du président à décliner ses noms, prénoms, profession et domicile, peut se retirer et faire défaut. (ARR. C.C. 8 sept. 1824; Sirey 25-1-68; Dalloz, Jurisp. gén. v° *Presse*, p. 332.)

Si le prévenu, après avoir assisté et concouru à la formation du jury, se retire avant l'ouverture des débats, la cour d'assises doit procéder par défaut. (ARR. C. C. 24 août 1832; Sirey 33-1-242; Dalloz, 1833-1-396.)

De même, si le prévenu se retire après le jugement de ses moyens préjudiciels. (ARR. C.C. 8 novembre 1833, Dalloz 1834-1-32.)

II. Il a été reconnu, lors de la discussion, que la faculté donnée au prévenu, par l'art. 19, de comparaître par fondé de pouvoir, devait s'étendre à l'art. 17.

III. *Lois de* 1835. — L'art. 25 de la loi du 9 septembre, sur la presse, remplace l'art. 17 et détruit le système adopté par la jurisprudence exposé ci-dessus, c'est-à-dire la faculté de faire défaut, quoique présent.

ART. 18. — Modifié de même que l'art. 17. (Voyez la note précédente.)

ART. 19. — Il est très-important de déposer la requête au greffe avant le cinquième jour, et d'en retirer un *récépissé*. Il est arrivé que, le président de la cour d'assises ayant appelé des témoins sur la question préjudicielle de savoir s'il y avait eu dépôt, et la cour de cassation ayant déclaré cette audition de témoins irrégulière, les prévenus, *acquittés* par la 1re cour d'assises, ont été traduits devant un autre jury, et les témoins régulièrement cités sur le dépôt de la requête; la nouvelle cour d'assises a reconnu que la preuve de ce dépôt n'était pas suffisante, et le premier arrêt *par défaut* a été maintenu contre les prévenus.

(ARR. de cass. du 27 février 1834, Bull., p. 71; Dalloz 1834-1-211.)

C'est le dépôt au greffe qui est la chose essentielle, et qui constate la date de la requête. (ARR. C.C. 25 juillet 1833, Bull. n° 32. — 17 août 1832; Bull. crim. n° 310.)

ART. 20. — C'est un exception au principe de la loi du 17 mai 1819 (art. 13) qui punit l'imputation d'un *fait vrai*, ce qui rend sans motif la preuve du fait par le diffamateur.

devant la cour d'assises par toutes les voies ordinaires, sauf la preuve contraire par les mêmes voies.

La preuve des faits imputés met l'auteur de l'imputation à l'abri de toute peine, sans préjudice des peines prononcées contre toute injure qui ne serait pas nécessairement dépendante des mêmes faits.

21. Le prévenu qui voudra être admis à prouver la vérité des faits dans le cas prévu par le précédent article, devra, dans les huit jours qui suivront la notification de l'arrêt de renvoi devant la cour d'assises, ou de l'opposition à l'arrêt par défaut rendu contre lui, faire signifier au plaignant :

1° Les faits articulés et qualifiés dans cet arrêt desquels il entend prouver la vérité ;

2° La copie des pièces ;

3° Les noms, professions et demeures des témoins par lesquels il entend faire sa preuve.

Cette signification contiendra élection de domicile près la cour d'assises ; le tout à peine d'être déchu de la preuve.

22. Dans les huit jours suivans, le plaignant sera tenu de faire signifier au pré-

---

C'est une conséquence de la position des fonctionnaires, dont les actes sont soumis à la censure journalière des citoyens.

— Pour les autres cas de diffamation, bien qu'en principe la preuve du fait ne soit point admise; et que, par conséquent on ne puisse jamais faire entendre de témoins, il est des circonstances où la production d'une preuve écrite pourrait être appréciée par les juges et diminuer la culpabilité.

L'art. 18 de la loi du 25 mars 1822 interdisait, *dans tous les cas*, la preuve des faits diffamatoires. La loi du 8 octobre 1830 a fait revivre celle du 26 mai 1819.

III. Il faut appliquer les mêmes principes à l'*outrage* résultant de faits diffamatoires. (Art. 6, loi du 25 mars 1822.)

IV. Mais, dans les cas d'*offense à la personne du Roi*, la preuve des faits diffamatoires est toujours inadmissible. (Arr. C.C. 20 juillet 1832; Sirey 33-1-336, Dalloz, 1833-1-38.)

Il en est de même pour tous les cas *d'offense*. La loi du 17 mai 1819 a employé ce mot toutes les fois qu'il s'agit des grands corps de l'état, au lieu des expressions diverses du projet *imputations ou allégations offensantes ou injures*, dans la crainte qu'en appliquant le mot *injure*, on ne pût changer la juridiction, et porter le jugement devant le tribunal correctionnel, et aussi pour distinguer ces offenses des autres délits d'outrage ou de diffamation.

V. De ces mots contenus en l'art. 20 : *Devant la cour d'assises*, doit-on conclure que dans le cas de diffamation *verbale*, qui est portée devant la tribunal *correctionnel*, la preuve des faits ne serait pas admise? — Nous ne le pensons pas. La 1re partie de l'article ne fait aucune distinction entre l'imputrtion *verbale* et l'imputation *écrite*. La raison de décider pour les deux cas est tout-à-fait la même. Et cette expression, qui a été *laissée* dans l'article : *Devant la cour d'assises*, lors de la discussion, vient de ce que le projet primitif distinguait seulement la *diffamation* de l'*injure*, et renvoyait la diffamation devant la cour d'assises et l'injure devant le tribunal correctionnel. La chambre a changé l'économie du projet de loi, et omis de modifier la forme de l'art. 20 qui s'adaptait très-bien à la distinction du projet. — C'est par l'esprit qu'il faut interpréter et non par une sévérité littérale qui conduit à l'erreur. Et on ne peut pas considérer comme une règle d'interprétation, l'induction tirée d'un motif donné surabondamment dans un arrêt de rejet du 11 avril 1822, dans lequel la cour dit que l'art. 20 restreint le droit de preuve devant les cours d'assises. (Sirey, 22-1-371.—Dalloz, XI. 100.)

Toutefois comme les règles de procédure tracés par l'art. 11 ne sont applicables qu'aux cours d'assises, elles doivent, devant le tribunal correctionnel, se modifier par le droit commun. — Voyez l'art. 25.

ART. 21. — I. Pour la conciliation de ces formes et délais avec ceux de la loi du 8 avril 1831, voyez les notes sur cette loi.

II. On avait demandé que l'art. 21 accordât un délai, selon les distances, pour la signification. Le garde-des-sceaux répondit que l'art. 18, admettant ce délai pour l'opposition, il était entendu qu'il aurait lieu pour la signification. (Séance des députés du 29 avril 1829.)

III. La loi *spéciale* ne faisant aucune distinction, ces significations doivent être faites au plaignant, *dans tous les cas*; bien que le droit commun ne les admette que dans le cas où il est partie civile.

IV. Nous ne pensons pas avec M. Parant que dans le cas où le prévenu n'indiquerait pas un domicile élu, les significations relatives à la preuve contraire lui puissent être faites au *greffe*. L'art. 21 prononce, pour le défaut d'élection de domicile, la *déchéance du droit de preuve*. Dès-lors le plaignant n'a plus aucun intérêt ni aucun droit pour faire pour faire la preuve contraire. Il suffit qu'il établisse qu'on lui a *imputé un fait propre à porter atteinte à son honneur ou à sa considération*.

ART. 22. — Voyez la note précédente.

tenu, au domicile par lui élu, la copie des pièces, et les noms, professions et demeures de ces témoins par lesquels il entend faire la preuve contraire ; le tout également sous peine de déchéance.

23. Le plaignant en diffamation ou injure pourra faire entendre des témoins qui attesteront sa moralité : les noms, professions et demeures de ces témoins seront notifiés au prévenu ou à son domicile, un jour au moins avant l'audition.

Le prévenu ne sera point admis à faire entendre des témoins contre la moralité du plaignant.

24. Le plaignant sera tenu, immédiatement après l'arrêt de renvoi, d'élire domicile près la cour d'assises, et de notifier cette élection au prévenu et au ministère public ; à défaut de quoi toutes significations seront faites valablement au plaignant au greffe de la cour.

Lorsque le prévenu sera en état d'arrestation, toutes notifications, pour être valables, devront lui être faites à personne.

25. Lorsque les faits imputés seront punissables selon la loi et qu'il y aura des poursuites commencées à la requête du ministère public, ou que l'auteur de l'imputation aura dénoncé ces faits, il sera, durant l'instruction, sursis à la poursuite et au jugement du délit de diffamation.

26. Tout arrêt de condamnation contre les auteurs ou complices des crimes et délits commis par voie de publication, ordonnera la suppression ou la destruction des objets saisis, ou de tous ceux qui pourront l'être ultérieurement, en tout ou en partie, suivant qu'il y aura lieu pour l'effet de la condamnation.

L'impression ou l'affiche de l'arrêt pourront être ordonnées aux frais du condamné.

Ces arrêts seront rendus publics dans la même forme que les jugemens portant déclaration d'absence.

27. Quiconque, après que la condamnation d'un écrit, de dessins ou gravures, sera réputée connue par la publication dans les formes prescrites par l'article précédent,

---

Art. 23. — I. Il s'agit ici du *domicile* habituel du prévenu. Il peut n'y avoir eu aucun domicile élu ; la faculté accordée au plaignant de justifier sa moralité n'étant pas soumise à la production de la preuve par le prévenu.

II. Le ministère public peut faire entendre des témoins pour attester la moralité du plaignant, lors même que celui-ci n'est pas partie civile.

La loi ne fait pas non plus obstacle à ce que le ministère public (sans avoir à ce sujet un droit illimité) cite devant les juges, comme propres à expliquer l'opinion du prévenu et la moralité de son écrit, d'autres écrits ayant, par leur objet, des rapports avec l'écrit incriminé et propres dès lors à en préciser l'esprit et la partie. (Arr. C. C. 25 novembre 1831 ; Bull. p. 522 ; Sirey, 32-1-613 ; Dalloz, 1832-1-73.)

Art. 24. — Voyez la note IV sur l'art. 21.

Art. 25. — La preuve des faits diffamatoires imputés à des dépositaires ou agens de l'autorité publique, ne doit être admise, devant les tribunaux saisis d'une poursuite en diffamation par la plainte de ces dépositaires ou agens de l'autorité publique, que dans le cas où les faits imputés ne sont pas punissables suivant la loi. (Arr. C. C. 26 juillet 1821. — Bull. n. 144.)

Le sursis qu'autorise l'art. 25 doit être ordonné sans distinction entre le cas ou la poursuite a lieu sur la plainte d'un fonctionnaire public, et celui ou elle est exercée par un simple particulier. (Arr. C. C. 21 avril 1821. — Bull. n. 66.)

Lorsque les faits imputés à un fonctionnaire sont passibles de peines, le sursis doit être ordonné sans distinction entre le cas ou la dénonciation a précédé et celui ou elle a suivi la plainte ; et il doit être ordonné pour tous les faits de la plainte, pour ceux mêmes qui ne seraient point punissables. (Arr. C. C. 26 juillet 1821. — Bull. n° 144.)

Art. 26. — Ils sont insérés au *moniteur*.

Art. 27. — I. Bien que les faits réprimés par cet article puissent paraître, au premier coup d'œil, ne constituer qu'une contravention, pour la constatation de laquelle il suffit d'établir le fait matériel de la *réimpression*, de la *vente* et de la *distribution*, je pense néanmoins qu'ils doivent être rangés parmi les *délits* et jugés par le jury. — En effet, le fait de réimpression, de la vente ou de la distribution d'un écrit coupable, est un fait plus grave et plus coupable que la première publication. Ce qui le prouve c'est la condamnation au *maximum* prononcé par l'art. 27. — On peut d'ailleurs invoquer par analogie un arrêt de rejet du 30 janvier 1829 (Bull. p. 66 ; Sirey, 29-1-202 ; Dalloz, 1829-1-126.), qui, sous l'empire de la loi du 25 mars 1822, a décidé que l'infraction à l'art. 27 de la loi du 26 mai 1819 devait, comme tout *délit commis par la voie de la presse*, être jugé en appel par deux chambres de la cour royale.

les réimprimera, vendra ou distribuera, subira le *maximum* de la peine qu'aurait pu encourir l'auteur.

28. Toute personne inculpée d'un délit commis par la voie de la presse, ou par tout autre moyen de publication, contre laquelle il aura été décerné un mandat de dépôt ou d'arrêt, obtiendra sa mise en liberté provisoire, moyennant caution. La caution à exiger de l'inculpé ne pourra être supérieure au double du *maximum* de l'amende prononcée par la loi contre le délit qui lui est imputé.

29. L'action publique contre les crimes et délits commis par la voie de la presse, ou tout autre moyen de publication, se prescrira par six mois révolus, à compter du fait de publication qui donnera lieu à la poursuite.

Pour faire courir cette prescription de six mois, la publication d'un écrit devra être précédée du dépôt et de la déclaration que l'éditeur entend le publier.

S'il a été fait, dans cet intervalle, un acte de poursuite ou d'instruction, l'action publique ne se prescrira qu'après un an, à compter du dernier acte, à l'égard même des personnes qui ne seraient pas impliquées dans ces actes d'instruction ou de poursuite.

Néanmoins, dans le cas d'offense envers les chambres, le délai ne courra pas dans l'intervalle de leurs sessions.

L'action civile ne se prescrira, dans tous les cas, que par la révolution de trois années, à compter du fait de la publication.

30. Les délits commis par la voie de la presse ou par tout autre moyen de publication, et qui ne seraient point encore jugés, le seront suivant les formes prescrites par la présente loi.

31. La loi du 28 février 1817 est abrogée.

Les dispositions du Code d'instruction criminelle auxquelles il n'est pas dérogé par la présente loi, continueront d'être exécutées.

II. Il ne faut pas croire que l'écrit *réimprimé* soit légalement à l'abri des poursuites judiciaires, parce que l'original n'a pas été poursuivi. — Ainsi jugé à propos d'un journal de département qui avait copié un article d'un journal de Paris. (Arr. C. C. 22 avril 1824; Bull. p. 164; Sirey, 24-1-329; Dalloz, jurisp. gén. V° *presse*, p. 336. — Autre arr. C. C. du 21 octobre 1831; Bull. p. 460; Sirey, 31-1-385.)

III. Si dans un ouvrage, il y a eu seulement quelques passages condamnés, l'ouvrage peut être impunément réimprimé ou distribué, pourvu que ces passages soient supprimés lors de la réimpression ou de la distribution. C'est ce qui a été clairement expliqué lors de la discussion à la chambre des députés. (Séance du 29 avril 1819.)

Art. 28. — La mise en liberté sous caution est *de droit*. L'art. 28 diffère de l'art. 114 du Code d'instruction criminelle : « La chambre « du conseil *pourra* ordonner que le prévenu « soit mis provisoirement en liberté. »

Quant au minimum du cautionnement, l'art. 28 ne le fixant pas, il faut s'en référer à la règle de droit commun qui le fixe à 500 francs. (Code d'instr. crim. Art. 119).

Art. 29. — I. Cette prescription par six mois est une exception au droit commun qui fixe la prescription à 6 ans. (Art. 638 du Code d'instr. crim.)

II. Le dépôt et la déclaration sont ceux exigées par l'art. 14 de la loi du 21 octobre 1814. Voy. les notes.

Ce dépôt ne constitue pas la publication. C'est aux juges qu'il appartient de déterminer le fait de la publication. (Arr. C. C. du 8 sept. 1829; Bull. p. 337; Sirey, 25-1-68; Dalloz, Jurisprud. gén. Voy, *presse* p. 332. —Et du 23 avril 1830; Dalloz, 1830-1-231.)

III. La prescription ne court pas du jour du dépôt des exemplaires, mais du jour à dater duquel la cour royale déclare que la publication a eu lieu; (Arr. C. C. 18 sept. 1829. — Bull. n°. 223. 8 septembre 1824 Bull. n° 112.)

Ou de la date de la vente de la réimpression. Peu importe qu'il se soit écoulé plus de 6 mois sans poursuite entre l'époque de la condamnation et celle de dépôt de la réimpression. (Arr. C. C. 23 avril 1830; Dalloz, 30-1-231.)

IV. Il importerait peu que les poursuites eussent lieu devant un juge incompétent : elles n'en auraient pas moins pour effet d'interrompre la prescription et d'en proroger le terme. (Arr. C. C. 18 janv. 1822; Bull. p. 38; Sirey 22-1-200; Dalloz, jurispr. gén. t XI, p. 316. — 31 janv. 1833; Bull. p. 44; Sirey, 33-1-559, Dalloz, 1833-1-369.)

Mais la prescription d'un an court, à défaut d'actes interruptifs, même quand il y a eu jugement de première instance, et quand l'affaire est pendante devant une cour royale par suite de l'appel du prévenu. (Arr. du 22 sept. 1832; Bull. p. 520; Dalloz, 1833-1-52.)

Art. 31.— I. Ainsi, après le tirage du jury, il doit être procédé à l'examen de la prévention dans les formes prescrites par les art. 310 et suivans de ce Code. — Voy. les notes sur l'art. 23 de la présente loi, 14 de la loi du 25 mars 1822, 8 de la loi du 10 décem. 1830.

LOI DU 9 JUIN 1819

Relative à la publication de journaux ou écrits périodiques.

4 [Louis XVIII—M. de Serre].

« ART Ier. Les propriétaires ou éditeurs « de tout journal ou écrit périodique, con- « sacré en tout ou en partie aux nouvelles « ou matières politiques, et paraissant, « soit à jour fixe, soit par livraison et ir- « régulièrement, mais plus d'une fois par « mois, seront tenus :

« 1° De faire une déclaration indiquant « le nom, au moins d'un propriétaire ou « éditeur responsable, sa demeure, et l'im- « primerie, dûment autorisée, dans la- « quelle le journal ou l'écrit périodique « doit être imprimé ;

« 2° De fournir un cautionnement, qui « sera, dans les départemens de la Seine, « de Seine-et-Oise et Seine-et-Marne, de « dix mille francs de rente pour les jour- « naux ou écrits périodiques paraissant à « des termes moins rapprochés ;

« Et dans les autres départemens, le « cautionnement relatif aux journaux quo- « tidiens sera de deux mille cinq cents « francs de rente dans les villes de cin- « quante mille âmes et au dessus ; de « quinze cents francs de rente dans les « villes au-dessous, et de de la moitié de « ces rentes pour les journaux ou écrits « périodiques qui paraissent à des termes « moins rapprochés.

« Les cautionnemens pourront être éga- « lement effectués à la caisse des consi- « gnations, en y versant le capital de la « rente au cours du jour du dépôt.

« 2. La responsabilité des auteurs ou « éditeurs indiqués dans la déclaration « s'étendra à tous les articles insérés dans « le journal ou écrit périodique, sans pré- « judice de la solidarité des auteurs ou « rédacteurs desdits articles. »

3. Le cautionnement sera affecté, par privilége, aux dépens, dommages-intérêts, et amendes auxquels les propriétaires ou éditeurs pourront être condamnés : le prélèvement s'opérera dans l'ordre indiqué au présent article. En cas d'insuffisance, il y aura lieu à recours solidaire sur les biens des propriétaires ou éditeurs déclarés responsables du journal ou écrit périodique, et des auteurs et rédacteurs des articles condamnés.

4. Les condamnations encourues devront être acquittées et le cautionnement

---

II. Sur l'abrogation du la loi du 28 février 1817. Voy. les notes sur cette loi dans lesquelles nous établissons que l'abrogation n'en est pas entière et absolue.

Loi du 9 juin 1819.

Présentation à la *chambre des députés* le 22 mars. — Nomination de la commission le 1er avril. — Rapport (M. Savoye-Rollin) le 26. — Discussion du 1er mai au 5. — adoption le 5.

Présentation à la chambre des pairs le 8 mai — Rapport (M. de Lally Tollendal) le 25. — Discussion du 25 au 28 — Adoption le 28 mai.

Sanction le 9 juin — Promulgation le 11 juin.

Cette loi complette le système de législation adopté en 1819 : trois lois sur la presse; répression, procédure, journaux. Elle forme, avec l'art. 11 de la loi du 25 décembre 1822, et les lois du 18 juillet 1828 et du 14 décembre 1830, le dernier état de la législation sur les journaux et les écrits périodiques avant le système des lois du 4 septembre 1835. Dans l'intervalle de 1819 à 1828, la liberté de la presse a été plusieurs fois suspendue soit par la nécessité de l'autorisation préalable, soit par la censure. Nous avons indiqué sous les articles de la charte de 1830 (page 7), la nomenclature des dispositions législatives qui ont consacré ces mesures restrictives ; nous les donnons d'ailleurs dans leur entier et leur date.

ART. 1. — Voyez les art. 1 à 7 de la loi du 18 juillet 1828 qui remplacent les dispositions de l'art. 1er. — Et pour le cautionnement, la loi du 9 *septembre* 1835.

La formalité de l'*autorisation préalable*, dont ne parle pas cet article, a été rétablie par les lois du 31 mars 1820 et 17 mars 1822 ; mais la loi de 1828 en a depuis dispensé explicitement, en imposant des conditions de capacité pour fonder et diriger un journal.

Voyez ci-après l'ordonnance d'exécution de même date (9 juin), art. 1. 2. 3.

ART. 2. — Remplacé par le dernier § de l'art. 8, loi du 18 juillet 1828. — La solidarité existe toujours. — Voy. *loi du* 9 *septembre* 1835.

ART. 3. — Confirmé et rappelé par l'art. 13, loi du 18 juillet 1828.

ART. 4. — Confirmé et rappelé par l'art. 13, loi du 18 juillet 1828. — Voy. pour la peine et la juridiction, l'art. 6 présente loi. — Voy. l'ord. d'exécution (9 juin), art. 5.

Le gérant d'un journal dont le cautionnement a été altéré par une condamnation à l'amende et qui, dans la quinzaine a fait des offres réelles pour le paiement de cette

libéré ou complété dans les quinze jours de la notification de l'arrêt ; les quinze jours révolus sans que la libération ou le complètement ait été opéré, et jusqu'à ce qu'il le soit, le journal ou écrit périodique cessera de paraître.

« 5. Au moment de la publication de « chaque feuille ou livraison du journal ou « écrit périodique, il en sera remis, à la « préfecture pour les chefs-lieu de dépar- « tement, à la sous-préfecture pour ceux « d'arrondissement, et, dans les autres « villes, à la mairie, un exemplaire signé « d'un propriétaire ou éditeur responsa- » ble. «

Cette formalité ne pourra ni retarder ni suspendre le départ ou la distribution du journal ou écrit périodique.

6. Quiconque publiera un journal ou écrit périodique sans avoir satisfait aux conditions prescrites par les articles 1er, 4 et 5 de la présente loi, sera puni correctionnellement d'un emprisonnement « d'un « mois à six mois, et d'une amende de » deux cents francs à douze cents francs.»

6. Les éditeurs de tout journal ou écrit périodique ne pourront rendre compte des séances secrètes des chambres, ou de l'une d'elles, sans leur autorisation.

8. Tout journal sera tenu d'insérer les publications officielles qui lui seront adressées, à cet effet, par le gouvernement, le lendemain du jour de l'envoi de ces pièces, sous la seule condition du paiement des frais d'insertion.

9. Les propriétaires ou éditeurs responsables d'un journal ou écrit périodique, ou auteur ou rédacteur d'articles imprimés dans ledit journal ou écrit, prévenus de crimes ou délits pour faits de publication, seront poursuivis et jugés dans les formes et suivant les distinctions prescrites à l'égard de toutes les autres publications.

10. En cas de condamnation, les mêmes peines leur seront appliquées : toutefois les amendes « pourront être élevées au dou- « ble, » et en cas de récidive, portées quadruple, sans préjudice des peines de la récidive prononcées par le code pénal.

11. Les éditeurs du journal ou écrit périodique seront tenus d'insérer dans l'une des feuilles ou des livraisons qui paraîtront dans le mois du jugement de l'arrêt intervenu contre eux, extrait contenant les motifs et le dispositif dudit jugement ou arrêt.

---

amende, peut néanmoins si après l'expiration de ce délai ses offres ont été rejetées comme insuffisantes, être condamné à une nouvelle amende pour avoir publié son journal sans avoir completé son cautionnement. (Arr. du 15 septembre 1832. — C. C. Rejet. — Bull. n° 356.)

Art. 5. — Remplacé par l'art. 8, loi du 18 juillet 1828. — Le 2e paragraphe n'est pas reproduit, mais il doit continuer d'être appliqué, n'ayant été abrogé ni implicitement, ni explicitement. — Ordonnance d'exécution (9 juin), art. 4.

L'art. 8 de la loi de 1819 est reproduit par celle du 9 *septembre* 1835 art. 16. Voir les notes sur ce dernier art.

Art. 6. — Ces peines doivent encore s'appliquer, pour la publication sans dépôt ou libération du cautionnement. (Art. 1er et 4 de la présente loi; 1er et 3 de la loi du 18 juillet 1828). — Mais elles ne doivent plus s'appliquer pour omission du dépôt. (Art. 5 présente loi, 8 loi du 18 juillet 1828), ni pour défaut de déclaration. (Art. 1er présente loi, art. 6, loi de 1828). Voy. la note dans ce dernier article. — C'est la juridiction correctionnelle qui les applique. Voy. la note sur l'art. 12.

Art. 7. — Pour la peine et la poursuite, voyez les art. 12 et 13 ci-oprès. — Pour les débats à huis clos, voyez l'art. 16 de la loi du 18 juillet 1828, et l'art. 10, loi *du* 9 *septembre* 1835.

Art. 8 — Peine et poursuite, art. 12 et 13. Modifié par l'art. 18 de la loi du 9 *septembre,* 1835.

Art. 9. — L'exception de bonne foi admise en faveur des imprimeurs, par l art. 24 de la loi du 17 mai 1819, ne s'étend pas aux éditeurs responsables. (Arr. C. C. 22 avril 1824. Bull. n. 53).

Art. 10. — Voy. la loi du 18 juillet 1828, art. 14, qui ne *permet pas* que l'amende puisse être *au-dessous* du double du minimum ; l'art. 15, qui, outre la présente peine, autorise les juges à prononcer la *suspension temporaire* du journal.

Le Code pénal fixe, pour la récidive, une échelle d'aggravation de peines, que nous avons rapportée sous l'art. 25, loi du 17 mai 1819. — Cet article 25 laisse facultative cette aggravation. C'est dans le même sens qu'il nous semble qu'on doit entendre le présent article. La jurisprudence n'en a, du reste, pas fixé l'interprétation, et la discussion (séance du 22 mars et 26 avril 1819) ne fournit aucune lumière.

Loi de 1835. Cet art. 10 est rappelé par l'art. 12 de la loi du 9 septembre. Voyez les notes.

Art. 11. — Toujours obligatoire.

12. La contravention aux articles 7, 8 et 11 de la présente loi, sera punie correctionnellemont d'une amende de cent fr. à mille fr.

13. Les poursuites auxquelles pourront donner lieu les contraventions aux articles 7, 8 et 11 de la présente loi, se prescriront par le laps de trois mois, à compter de la contravention, ou de l'interruption des poursuites, s'il y en a de commencées en temps utile.

ORDONNANCE DU 9 JUIN 1819

Concernant l'exécution de la loi relative à la publication des journaux ou écrits périodiques.

[Louis XVIII. — M. de Serre.]

(Art. 1er. L'éditeur ou propriétaire d'un journal ou écrit périodique, de la nature de ceux désignés par l'article 1er de la loi de ce jour, qui voudra fournir en rentes, le cautionnement prescrit par la loi, déclarera à l'agent judiciaire du trésor royal qu'il affecte l'inscriptiou dont il est propriétaire au cautionnement de son entreprise. L'acte de cautionnement sera fait double entre l'agent judiciaire et le titulaire de l'inscription.)

(L'inscription donnée en cautionnement sera déposée à la caisse centrale du trésor royal. Les arrérages continueront à en être payés sur la représentation d'un bordereau délivré par l'agent judiciaire.)

(Lorsque le cautionnement sera fourni en inscription départementale, le directeur de l'enregistrement remplira, pour le département au livre auxiliaire duquel appartient la rente, les fonctions ci-dessus attribuées à l'agent judiciaire; l'inscription sera déposée à la caisse du receveur des domaines du chef-lieu.)

(Les mêmes formalités devront être remplies par tout propriétaire d'une rente qui déclarerait l'affecter au cautionnement de l'entreprise formée par un éditeur ou propriétaire de journal.)

(2. Toute inscription directe ou départementale, affectée à un cautionnement, devra être *visée pour cautionnement*, soit par le directeur du grand-livre, soit par le receveur général, avant d'être présentée à l'agent judiciaire ou au directeur de l'enregistrement, à l'appui de la déclaration prescrite par l'article précédent.)

3. Lorsque le cautionnement aura été, soit versé à la caisse des consignations, (soit fourni en rente,) l'éditeur ou propriétaire fera, devant le préfet du département, ou, à Paris, devant le préfet de police, la déclaration prescrite par le n° 1 de l'article 1er de la loi. Il représentera en même temps, soit le reçu de la caisse des consignations, soit l'acte constatant qu'il a fourni son cautionnement en rentes.

Le préfet donnera sur-le-champ acte de la déclaration, et de la justification du cautionnement.

La publication du journal ou de l'écrit périodique pourra commencer immédiatement après.

4. La remise au moment de la publication de chaque feuille ou livraison du journal ou écrit périodique, exigée par l'article 5 de la loi, sera faite à Paris, à la préfecture de police.

(5. Sur le vu du jugement ou de l'arrêt qui, à défaut par la partie condamnée d'avoir acquitté le montant des condamnations contre elle prononcées dans le délai prescrit par l'article 4 de la loi, aurait ordonné la vente de l'inscription affectée au cautionnement, cette inscription sera vendue, jusqu'à concurrence, à la requête de la partie plaignante, ou, en cas d'amende, à celle du préposé de la régie de l'enregistrement, chargé de la perception des amendes.)

(Cette vente sera opérée par les soins de l'agent judiciaire, le lendemain de la noti-

---

Art. 12. — La juridiction correctionnelle doit s'appliquer à *toutes* les contraventions aux dispositions de la présente loi. Cela résulte de ce que dans la discussion de la loi du 8 octobre 1830 on a proposé de soumettre au jury les infractions à la loi du 9 juin et cet amendement a été rejeté. (Voy. les rapports, les séances des 13 septembre, 1er et 4 octobre 1830.)

Ordonnance du 9 juin 1819.

Même depuis la loi du 18 juillet 1828, la présente ordonnance sert toujours de règle pour le versement, le retrait et l'emploi du cautionnement. Cette loi a réglé, il est vrai, le mode d'association pour l'entreprise d'un journal, elle a remplacé les éditeurs responsables par des gérans, mais elle a maintenu le cautionnement, et l'ordonnance qui l'a suivie ne s'occupe pas de la réalisation, parce qu'elle s'en réfère à l'ordonnance présente du 9 juin 1819.

Loi de 1835. — Le cautionnement ne peut plus être versé *en rentes*, (art. 13) mais seulement en numéraire.

fication à lui faite du jugement ou de l'arrêt.)

(Les rentes départementales seront, dans le même cas, transmises par le directeur de l'enregistrement à l'agent judiciaire, lequel en fera faire immédiatement la vente, et en enverra le produit au directeur de l'enregistrement en un mandat de la caisse centrale du trésor sur le receveur général. Il y joindra le borderau de l'agent de change pour justification des frais de courtage.)

Le prélèvement sur le capital (résultant de la vente) sera fait ainsi qu'il est dit à l'article 3 de la loi.

6. Le complètement ou le remplacement d'un cautionnement aura lieu dans les formes prescrites pour le cautionnement primitif.

7. Le propriétaire ou éditeur de journal ou écrit périodique qui voudra cesser son entreprise, en fera déclaration au préfet du département, ou, à Paris, au préfet de police. Le préfet lui donnera acte de ladite déclaration; sur le vu de cette pièce, et après un délai de trois mois, son cautionnement sera remboursé ou libéré, à moins que, par suite de condamnations ou de poursuites commencées, des oppositions n'aient été faites, soit à la caisse des consignations, soit entre les mains de l'agent judiciaire ou du directeur de l'enregistrement.

8. Il est accordé aux éditeurs ou propriétaires des journaux et écrits périodiques désignés par l'article 1er de la loi, actuellement existans, un délai de quinze jours pour accomplir les formalités prescrites par la loi de ce jour et par la présente ordonnance.

9. Notre garde des sceaux ministre de la justice, nos ministres de l'intérieur et des finances, sont chargés, chacun en ce qui le concerne, de l'exécution de la présente ordonnance qui sera insérée au bulletin des lois.

LOI DU 31 MARS 1820.

Sur la publication des journaux et écrits périodiques (censure).

[Louis XVIII — M. de Serre].

« Art. 1er. La libre publication des » journaux et écrits périodiques, consacrés en tout ou en partie aux nouvelles » et aux matières politiques, paraissant » soit à jour fixe soit irrégulièrement et » par livraisons, est suspendue temporairement jusqu'au terme ci-après fixé.

» 2. Aucun desdits journaux et écrits » périodiques ne pourra être publié qu'avec l'autorisation du roi.

» Toutefois, les journaux et écrits périodiques actuellement existans continueront de paraître, en se conformant » aux dispositions de la présente loi.

» 3. L'autorisation exigée par l'article » précédent ne pourra être accordée qu'à » ceux qui justifieront s'être conformés » aux conditions prescrites à l'art. 1 de » la loi du 9 juin 1819.

» 4. Avant la publication de toute feuille » ou livraison, le manuscrit devra être » soumis, par le propriétaire ou l'éditeur » responsable, à un examen préalable.

» 5. Tout propriétaire ou éditeur responsable qui aurait fait imprimer et distribuer une feuille ou une livraison d'un » journal ou écrit périodique, sans l'avoir » communiquée au censeur avant l'impression, ou qui aurait inséré dans une » desdites feuilles ou livraisons un article » non communiqué ou non approuvé, sera » puni correctionnellement d'un emprisonnement d'un mois à six mois, et » d'une amende de deux cents francs à » douze cents francs sans préjudice des » poursuites auxquelles pourrait donner » lieu le contenu de ces feuilles, livraisons et articles.

» 6. Lorsqu'un propriétaire ou éditeur » responsable sera poursuivi en vertu de » l'article précédent, le gouvernement » pourra prononcer la suspension du » journal ou écrit périodique jusqu'au jugement.

» 7. Sur le vu du jugement de condamnation, le gouvernement pourra prolonger, pour un terme qui n'excèdera » pas six mois, la suspension dudit journal ou écrit périodique. En cas de récidive, il pourra en prononcer la suppression.

» 8. Nul dessin imprimé, gravé ou lithographié, ne pourra être publié, exposé, distribué ou mis en vente, sans » l'autorisation préalable du gouvernement.

» Ceux qui contreviendraient à cette

Loi du 31 mars 1820.

Continuée et étendue par la loi du 26 juillet 1821. — Voyez l'art. 4, loi du 17 mars 1822.

Art. 8. — Reproduit par l'art. 20, loi du 9 septembre 1835.

» disposition, seront punis des peines » portées en l'article 5 de la présente » loi.

» 9. Les dispositions des lois du 17 mai, » du 26 mai et du 9 juin 1819, auxquelles » il n'est point dérogé par les articles » ci-dessus, continueront à être exé» cutées.

» 10 La présente loi cessera de plein » droit d'avoir son effet à la fin de la ses» sion de 1820. »

—

ORDONNANCE DU 1 AVRIL 1820.

Concernant l'exécution de la loi du 31 mars 1820, relative à la publication des journaux et écrits périodiques (censure).

[Louis XVIII — M. de Serre.]

TITRE 1er. — *De l'autorisation et écrits périodiques.*

« Art. 1er. Dans les cinq jours qui sui» vrant la publication de la présente or» donnance, les propriétaires ou éditeurs » responsables des journaux et écrits pé» riodiques actuellement existans seront » tenus de déclarer, à Paris, devant le » préfet de police, et dans les départe» mens, devant les préfets, qu'ils enten» dent se conformer aux dispositions de » la loi du 31 mars 1820, et profiter, en » conséquence, de l'autorisation qui leur » est accordée psr l'article 2 de ladite » loi.

» 2. A l'avenir, toute personne qui » voudra publier un nouveau journal, » sera tenue, pour obtenir notre autori» sation, de présenter sa demande à no» tre ministre secrétaire d'état au dépar» tement de l'intérieur. Si la demande est » admise, notre autorisation sera accor» dée au requérant sur la preuve qu'il » a satisfait aux conditions prescrites en » l'article 1 de la loi du 9 juin 1819.

» Le brevet d'autorisation, délivré par » notre ministre secrétaire d'état de l'in» térieur, sera enregistré, sans frais, au » tribunal civil du lieu où le journal ou » écrit périodique sera publié.

TITRE II. — *De la censure.*

» 4. Il y aura à Paris, auprès de notre » ministre secrétaire d'état au départe» ment de l'intérieur, une commission » chargée de l'examen préalable de tous » les journaux et écrits périodiques.

» 5. Cette commission sera composée » de douze censeurs; ils seront nommés » par nous, sur la présentation de notre » ministre secrétaire d'état de l'inté» rieur.

» 6. Tout article de journal ou écrit » périodique, devra, avant d'être impri» mé, avoir été revêtu du *visa* de la com» mission, qui en autorisera la publica« tion, conformément à l'art. 5 de la loi » du 31 mars 1820.

» 7. La commission ne pourra pronon» cer, s'il n'y a au moins cinq membres » présens.

» 8. Dans chaque chef-lieu de départe» tement, il y aura, auprès du préfet une » commission de trois censeurs, chargée » de l'examen préalable des journaux et » écrits périodiques qui seront publiés » dans le département.

» 9. Un conseil de neuf magistrats, » nommés par nous sur la présentation de » notre garde des sceaux, ministre secré» taire d'état au département de la jus» tice, sera chargé de la surveillance de » la censure.

» 10. La commission de censure de Pa» ris rendra, une fois par semaine, un » compte raisonné de ses décisions au » conseil de surveillance. Les commissions » des départemens lui rendront compte » de leurs opérations au moins une fois » par mois.

» 11. Quand il y aura lieu, en exécu» tion de l'art. 6 de la loi du 31 mars » 1820, à la suspension provisoire d'un » journal ou écrit périodique, elle sera » prononcée par le conseil de surveillance, » sous l'approbation de notre ministre se» crétaire d'état au département de la » justice. Il en sera de même, quand il » y aura lieu, en exécution de l'article » 7 de ladite loi de prononcer la sup» pression d'un journal ou écrit périodi» que après jugement.

TITRE III. — *Des dessins, des estampes et des gravures.*

» 12. L'autorisation préalable exigée » par l'art. 8 de la loi du 31 mars 1820, » pour la publication, exposition, distri» bution ou mise en vente de tout dessin

---

Ordonnance du 1er *avril* 1820, temporaire comme la loi.

ART. 12. — Voyez la loi du 9 septembre 1835, art. 20 et l'ordonnance d'exécution du même jour.

» ou estampe gravé ou lithographié, qui, » à l'avenir, sera déposé conformément à » l'article 8 de notre ordonnance du 24 » octobre 1814, sera accordée, s'il y a » lieu, en même temps que le récépissé » mentionné en l'article 9 de ladite or» donnance. Toute autorisation accor» dée sera insérée au journal de la li» brairie.

» Notre ministre secrétaire d'état au » département de l'intérieur, et notre » garde des sceaux, ministre secrétaire » d'état au département de la justice, sont » chargés, chacun en ce qui le concerne, » l'exécution de la présente ordonnan» ce. »

LOI DU 26 JUILLET 1821.

Relative à la censure des journaux.

[Louis XVIII.—M. de Serre.]

« Art. 1er. La loi du 31 mars relative » à la publication des journaux et écrits » périodiques continuera d'avoir son ef» fet jusqu'à la fin du troisième mois » qui suivra l'ouverture de la session de » 1821.

» 2. Les dispositions de la loi du 31 » mars 1820, sauf en ce qui concerne le » cautionnement, s'appliqueront, à l'ave» nir, à tous les journaux et écrits pério» diques, paraissant soit à jour fixe, soit » irrégulièrement, ou par livraison, quels » que soient leur titre et leur objet. »

LOI DU 17 MARS 1822

Relative à la police des journaux et écrits périodiques.

[Louis XVIII.—M. de Peyronnet.]

« Art. 1er Nul journal ou écrit périodi« que, consacré en tout ou en partie aux « nouvelles ou matières politiques, et pa« raissant soit régulièrement et à jour « fixe, soit par livraisons et irrégulière« ment, ne pourra être établi et publié « sans l'autorisation du Roi.

« Cette disposition n'est pas applicable « aux journaux et écrits périodiques exis« tant le 1er janvier 1822.

« 2. Le premier exemplaire de chaque « feuille ou livraison des écrits périodi« ques et journaux sera, à l'instant même « de son tirage, remis et déposé au par« quet du procureur du roi du lieu de « l'impression. Cette remise tiendra lieu « de celle qui était prescrite par l'art. 5 « de la loi du 9 juin 1819.

« 3. Dans le cas où l'esprit d'un jour« nal ou écrit périodique, résultant d'une « succession d'articles, serait de nature à « porter atteinte à la paix publique, au « respect dû à la religion de l'Etat ou aux « autres religions légalement reconnues « en France, à l'autorité du roi, à la « stabilité des institutions constitution« nelles, à l'inviolabilité des ventes des « domaines nationaux et à la tranquille « possession de ces biens, les cours roya« les dans le ressort desquelles ils seront « établis pourront, en audience solen« nelle de deux chambres, et après avoir « entendu le procureur-général et les par« ties, prononcer la suspension du journal « ou écrit périodique pendant un temps « qui ne pourra excéder un mois pour la « première fois et trois mois pour la se« conde. Après ces deux suspensions, et « en cas de nouvelle récidive, la suppres« sion définitive pourra être ordonnée.

« 4. Si dans l'intervalle des sessions des « chambres, des circonstances graves ren« daient momentanément insuffisantes les « mesures de garantie et de répression « établies, les lois des 31 mars 1820 et « 26 juillet 1821 pourront être remises « immédiatement en vigueur, en vertu

---

Loi du 26 juillet 1821.

— Voy. l'art. 4 de la loi du 17 mars 1822.

Loi du 17 mars 1822.

— Cette loi a été abrogée par la loi du 18 juillet 1828, art. 1er.

C'est sous son empire qu'a été intenté au *Courrier français* le fameux procès de tendance anti-religieuse, pour avoir dit qu'un jour les *croyances chrétiennes* pourraient cesser d'exister. — Les lois de *septembre* 1835 fourniraient une arme suffisante à un pouvoir qui se laisserait aller aux mêmes aberrations, pour intenter le même procès de tendance anti-constitutionnelle au journaliste qui parlerait du tems où la *foi monarchique* sera morte. Le *Courrier* fut condamné. Trouverait-on un tribunal assez fermement monarchique pour condamner le journaliste de 1835 ?

Art. 4. Cet article a reçu deux fois son exécution suivant les ordonnances des 15 août 1824 et 24 juin 1827. — Voyez les notes sur l'art. 7 de la Charte, page 8.

« d'une ordonnance du roi délibérée en « conseil, et contre-signée par trois mi- « nistres.

« Cette disposition cessera de plein « droit un mois après l'ouverture de la « session des chambres, si, pendant ce « délai, elle n'a pas été convertie en loi.

« Elle cessera pareillement de plein « droit le jour où serait publiée une or- « donnance qui prononcerait la dissolu- « tion de la chambre des députés.

« 5. Les dispositions des lois antérieures « auxquelles il n'est pas dérogé par la pré- « sente, continueront d'être exécutées. »

LOI DU 25 MARS 1822.

Relative à la répression et à la poursuite des délits commis par la voie de la presse ou par tout autre moyen de publication.

[Louis XVIII.—M. de Peyronnt.]

TITRE 1er. *De la Répression.*

ART. 1er. Quiconque, par l'un des moyens énoncés en l'article 1er de la loi du 17 mai 1819, aura outragé ou tourné en dérision la « religion de l'État, » sera puni d'un emprisonnement de trois mois à cinq ans et d'une amende de trois cents fr. à six mille francs.

Les mêmes peines seront prononcées contre quiconque aura outragé ou tourné en dérision toute autre religion dont l'établissement est légalement reconnu en France.

2. « Toute attaque, par l'un des mêmes « moyens, contre la dignité royale, l'ordre « de successibilité au trône, les droits que « le Roi tient de sa naissance, ceux en « vertu desquels il a donné la Charte, son « autorité constitutionnelle, l'inviolabilité « de sa personne, les droits ou l'autorité « des Chambres, sera punie d'un empri- « sonnement de trois mois à cinq ans et « d'une amende de trois cents francs à six « mille francs. »

3. L'attaque, par l'un de ces moyens, des droits garantis par les articles 5 et 9 de la Charte constitutionnelle, sera punie

---

Loi du 25 mars 1822.

Présentation à la *chambre des députés*, le 30 novembre 1821. — Nomination de la commission, le 11 décembre. — Rapport le 14 janvier 1822. — Discussion du 19 janvier au 6 février. — Adoption le 6 février.

Présentation à la *chambre des pairs* le 8 février. — Rapport le 20. — Discussion du 25 février au 7 mars. — Adoption le 7 mars.

Sanction le 25 mars. — Promulgation le même jour.

Cette loi, ainsi que celle votée 8 jours avant, le 17, sur la police de la presse, complettait le système de réaction contre la législation libérale de 1819, auquel on est revenu en 1828 et en 1830.

ART. 1er. — I. Développement de l'art. 8 de la loi du 17 mai 1819.

Il n'y a plus de *religion de l'état*. La charte déclare seulement que la religion catholique est celle de la majorité des français (art. 6). Cette religion rentre dès lors dans le nombre de celles indiquées dans le 2e paragraphe.

II. Les tribunaux peuvent suivant les circonstances, considérer comme un outrage à la religion de l'état ou aux autres religions reconnues, une publication incomplète et mutilée des livres saints qui sont le fondement de la première, ou des livres dogmatiques des autres. (Arr. C. C, 17 mars 1827; Bull. no 59.)

III. L'enlèvement ou la dégradation des signes publics d'une religion ne constituent pas un outrage public à cette religion, mais un délit de droit commun rentrant dans les prévisions de l'art. 257 et du code pénal, ainsi conçu :

> Quiconque aura détruit, abattu, mutilé ou dégradé, des monumens, statues, et autres objets destinés a l'utilité ou a la décoration publique, et élevé par l'autorité publique, ou avec son autorisation, seront punis d'un emprisonnement d'un mois à deux ans, et d'une amende de 100 fr. à 500 fr.

En effet, sous l'empire de la loi de 1822 on avait créé contre ce délit, par extension de l'art. 257, une peine spéciale dans la loi du sacrilège (20 avril 1825) depuis lors abrogée. — Il ne faudrait donc pas lui appliquer l'art. 1er de la loi de 1822, mais bien l'art. 257.

ART. 2 — Substitué à l'art. 4 de la loi du 17 mai 1819, et remplacé depuis par la loi du 29 novembre 1830; cette dernière confirmée par l'art. 6 de la loi du 9 *sept.* 1835.

ART. 3. — I. Remplace le no 4 de l'art. 5 de la loi du 17 mai 1819.

II Art. 5 de la Charte (de 1814 et de 1830): — « Chacun professe sa religion avec une « égale liberté et obtient pour son culte la même protection. »

Art 9 de la Charte de 1814, 8 de la Charte de 1830 : — « Toutes les propriétés sont in- « violables, sans aucune exception de celles « qu'on appelle nationales, la loi ne mettant « aucune différence entre elles. »

d'un emprisonnement d'un mois à trois ans et d'une amende de cent francs à quatre mille francs.

(4. Quiconque, par l'un des mêmes moyens, aura excité à la haine ou au mépris du gouvernement du Roi, sera puni d'un emprisonnement d'un mois à quatre ans, et d'une amende de cent cinquante francs à cinq mille francs.)

La présente disposition ne peut pas porter atteinte au droit de discussion et de censure des actes des ministres.

5. La diffamation ou l'injure, par l'un des mêmes moyens, envers les cours, tribunaux, corps constitués, autorités ou administrations publiques, sera punie (d'un emprisonnement de quinze jours à deux ans, et d'une amende de cent cinquante francs à cinq mille francs.)

6. L'outrage fait publiquement, d'une manière quelconque, à raison de leurs fonctions ou de leur qualité, soit à un ou plusieurs membres des deux Chambres, soit à un fonctionnaire public, soit enfin à

ART. 4. — Par ces mots : *Gouvernement du Roi,* on on doit entendre les ministres agissant collectivement sous l'autorité du Roi, et responsables de leurs actes. (Arr. du 27 mars 1830. — C. C. Rejet. — Bull., n° 83.)

(Ce mode d'interprétation conduirait facilement à l'anéantissement de la faculté de censure et discussion des actes du ministre.)

Les circonstances constitutives du délit d'excitation au mépris et à la haine du gouvernement du roi, n'étant point définies par la loi, la question de savoir si une association formée par des citoyens pour veiller ensemble au maintien de leurs droits, constitue ce délit, est une question de fait dont la solution appartient souverainement aux cours royales. (Même arrêt.)

Quand une cour d'assises a déclaré un individu coupable *d'excitation à la haine et au mépris du gouvernement du roi*; il n'appartent pas à la cour de cassation d'examiner sur quels élémens cette déclaration est fondée. (Arr. C. C. 6 mai 1823; Bull., n° 62.)

La critique des actes du gouvernement est interdite aux *ministres des cultes;* soit dans leurs discours en assemblée publique, soit dans leurs publications pastorales. (Code pénal, art. 201 et 204 transcrits sous l'art. 7 de la loi du 17 mai 1819) — Remplacé par l'art. 5. Loi du 9 *septembre* 1835.

ART. 5.— Remplace l'article 15 de la loi du 17 mai, en y ajoutant *les autorités ou administrations publiques.* — Voy. les notes sur cet article. — Celles sur l'art. 14, loi du 17 mars 1819.—Voyez aussi l'art. 14 ci-dessous qui permet l'admission des circonstances atténuantes.

ART. 6. — 1. Quand cet article a été proposé, les outrages par *paroles,* par *gestes* et *menaces*, envers les magistrats, les officiers ministériels et les *agens dépositaires de la force publique* étaient déjà punis, diversement par les art. 222 et suivans du Code pénal, ainsi conçus :

222. Lorsqu'un ou plusieurs magistrats de l'ordre administratif ou judiciaire auront reçu, dans l'exercice de leurs fonctions, ou à l'occasion de cet exerce, quelque outrage par paroles, tendant à inculper leur honneur ou leur délicatesse, celui qui les aura ainsi outragés sera puni d'un emprisonnement d'un mois à deux ans.

Si l'outrage a eu lieu à l'audience d'une cour ou d'un tribunal, l'emprisonnement sera de deux à cinq ans.

223. L'outrage fait par gestes ou menaces à un magistrat dans l'exercice ou à l'occasion de l'exercice de ses fonctions, sera puni d'un mois à six mois d'emprisonnement; et si l'outrage a eu lieu à l'audience d'une cour ou d'un tribunal, il sera puni d'un emprisonnement d'un mois à deux ans.

224. L'outrage fait par paroles, gestes ou menaces à tout officier ministériel, ou agent dépositaire de la force publique, dans l'exercice ou à l'occasion de l'exercice de ses fonctions, sera puni d'une amende de 16 fr. à 200 fr.

225. La peine sera de six jours à un mois d'emprisonnement, si l'outrage mentionné en l'article précédent a été dirigé contre un commandant de la force publique.

226. Dans le cas des articles 222, 223 et 225, l'offensenr pourra être, outre l'emprisonnement, condamné à faire réparation, soit à la première audience, soit par écrit; et le temps de l'emprisonnement prononcé contre lui ne sera compté qu'à dater du jour où la réparation aura eu lieu.

227. Dans le cas de l'article 224, l'offenseur pourra, de même, outre l'amende, être condamné à faire réparation à l'offensé; et s'il retarde ou refuse, il y sera contraint par corps.

La calomnie en public contre les mêmes personnes était aussi prévue et punie par le même code; mais ces dispositions avaient été abrogées et remplacées par les art. 16, 17, 18 19 de la loi du 17 mai 1819, relatifs à la diffamation et à l'injure *publiques.*

Mais les tribunaux ayant décidé que les *membres des deux chambres* n'étaient pas compris dans les désignations générales de ces articles, l'art. 6 fut proposé; et on ne punit plus les outrages faits seulement *dans l'exercice ou à l'occasion des fonctions,* mais les outrages *faits publiquement d'une manière quelconque à raison de la fonction ou de la qualité.* Et cette désignation étant plus large que celle du Code pénal, on l'appliqua aux *fonctionnaires publics* et autres personnes désignées en l'art. Voilà l'origine de l'art. 6, telle qu'elle résulte de l'exposé des motifs de la loi. (Séance du 3 décembre 1821.)

un ministre de la « religion de l'Etat » ou de l'une des religions dont l'établissement est légalement reconnu en France, sera puni d'un emprisonnement de quinze jours à deux ans et d'une amende de cent francs à quatre mille francs.

Le même délit envers un juré, à raison de ses fonctions, ou envers un témoin, à raison de sa déposition, sera puni d'un emprisonnement de dix jours à un an et d'une amende de cinquante francs à trois mille francs.

Il résulte des rapprochemens que nous venons de faire et des décisions de la jurisprudence :

1°. Qu'il faut toujours appliquer l'art. 222 et les suiv. du Code pénal, pour le cas d'outrages *non publics*. (Arr. C. C. 13 mars 1812, qui décide que la publicité n'est pas nécessaire pour constituer le délit de l'art. 224. — Bull., p. 106; Sirey, 1812-1-381; Dalloz, Jurisp. gén. XI, p. 97. — 2 avril 1822; Bull., p. 193; Sirey 26-1-250; Dalloz; 1825-1-297; — 20 février 2820; Bull., p. 108; Sirey, 30-1-274; Dalloz 1830-1-133.)

2°. Que les art. 222 et 223 sont toujours applicables dans les cas d'outrages aux magistrats *dans l'exercice de leurs fonctions*, ou à l'*audience*. (Ainsi jugé par les Arr. C. C. suivants :

17 mars 1820; Bull. p. 180; Sirey 20-1-276; Dalloz Jurisp. gén. t. XI, p. 98.

28 août 1823; Bull. p. 361.

27 février 1831; id. p. 119; Sirey 32-1-161; Dalloz, 1832-1 93.

4 juillet 1833, Bull. p. 325, Dalloz 1833-1-328.

3°. Que les art. 224 et 225 doivent être appliqués si les outrages ne dégénèrent pas en diffamation ou injure publique. Dans ce dernier cas il faut appliquer la loi du 17 mai 1819. C'est ce qui résulte des arrêts suivans:

Du 14 janvier 1826. (Bull. p. 20; Sirey, 26-1-369; Dalloz, 1826-1-214) qui déclare passibles des peines des art. 224 et 225 des ououtrages adressés publiquement à un brigadier de gendarmerie et à un gendarme dans l'exercice de leurs fonctions;

Du 28 août 1829 duquel il résulte que s'il y a *publicité* et si l'outrage a lieu par *paroles*, l'art. 19 de la loi du 17 mai devient applicable.

Voy. au surplus les notes sur l'art. 16. Loi du 17 mai 1819.

II. En ce qui concerne les *ministres de la religion*, le délit d'outrage *relatif aux fonctions ou à la qualité* est une disposition nouvelle dans la législation. — L'outrage dans *l'exercice des fonctions* était prévu par l'art. 262 du Code pénal, ainsi conçu :

262. Toute personne qui aura, par paroles ou gestes, outragé les objets d'un culte, dans les lieux destinés ou servant actuellement à son exercice, ou les ministres de ce culte dans leurs fonctions, sera puni d'une amende de 16 fr. à 500 fr., et d'un emprisonnement de quinze jours à six mois.

Cet article devait s'appliqurr aux outrages *publics ou non publics*, car il ne distingue pas. Et ce cas est analogue à celui qui est indiqué dans le n° précédent pour l'application de l'art. 222. Le présent article 6 statuant d'une manière générale sur l'outrage *public*, le 3ᵉ paragraphe doit s'appliquer dans le cas de l'outrage fait publiquement au prêtre *dans l'exercice de ses fonctions*, et l'art 262 à ce même outrage *non public*.

III. Le 4ᵉ paragraphe du présent article 6 abroge évidemment, dans ce qui touche aux ministres de la religion, l'art 263 du Code pénal dont voici les termes :

263. Quiconque aura frappé le ministre d'un culte dans ses fonctions, sera puni de la dégradation civique. (D'après l'art. 35, la dégradation civique peut être accompagnée d'un emprisonnement de cinq ans, quand elle est prononcée comme peine principale).

L'article 6 est en effet très formel. L'individu qui *outrage et qui frappe* le ministre d'un culte autorisé, *soit à raison* de ses fonctions ou de sa qualité, *soit dans l'exercice* de ses fonctions est passible des peines des art. 228 et 229 du Code pénal :

228. Tout individu qui, même sans armes, et sans qu'il en soit résulté de blessures, aura frappé un magistrat dans l'exercice de ses fonctions, ou à l'occasion de cet exercice, sera puni d'un emprisonnement de deux à cinq ans. Si cette voie de fait a eu lieu à l'audience d'une cour ou d'un tribunal, le coupable sera en outre puni de la dégradation civique.

228. Dans l'un et l'autre cas exprimés en l'article précédent, le coupable pourra de plus être condamné à s'éloigner pendant cinq à dix ans, du lieu ou siége le magistrat, et d'un rayon de deux myriamètres. Cette disposition aura son exécution à dater du jour où le condamné aura subi sa peine. Si le condamné enfreint cet ordre avant l'expiration du temps fixé, il sera puni.

230. Les violences de l'espèce exprimée en l'article 228, dirigées contre un officier ministériel, un agent de la force publique, ou un citoyen chargé d'un ministère de service public, si elles ont eu lieu pendant qu'ils exerçaient leur ministère ou à cette occasion, seront punies d'un emprisonnement d'un mois à six mois.

231. Si les violences exercées contre les fonctionnaires et agens désignés aux articles 228 et 230, ont été la cause d'effusion de sang, blessures ou maladie, la peine sera la réclusion.

Cela ne peut faire aucune difficulté pour le délit créé par le présent article 7; (outrage à raison des fonctions). Mais pour l'outrage *dans les fonctions*, l'art. 263 ayant été maintenu dans le Code révisé en 1832, sauf le changement de la peine qui était le *carcan*, quelques-uns ont cru qu'il devrait encore re-

L'outrage fait à un ministre « de la religion de l'Etat, » ou de l'une des religions légalement reconnues en France, dans l'exercice même de ses fonctions, sera puni des peines portées par l'article 1er de la présente loi.

Si l'outrage, dans les différens cas prévus par le présent article, a été accompagné d'excès ou de violences prévus par le premier paragraphe de l'article 228 du Code pénal, il sera puni des peines portées audit paragraphe et à l'art. 229, et, en outre, de l'amende portée au premier paragraphe du présent article.

Si l'outrage est accompagné des excès prévus par le second paragraphe de l'article 228 et par les articles 231, 232 et 233, le coupable sera puni conformément audit Code.

---

cevoir son application dans ce dernier cas, malgré l'abolition virtuelle qui résulte de l'application du dernier paragraphe de l'art. 6 à tous les cas énumérés dans cet article.

Mais on ne pourrait exécuter ces deux ar- articles (6 et 263) qu'en appliquant le dernier si le ministre a été seulement *frappé* dans ses fonctions, publiquement et non publiquement, et le premier (6) s'il a été *publiquement outragé et frappé*. La peine la plus grave serait ainsi appliquée au moindre délit. — Il faut donc s'en tenir à l'abrogation virtuelle de l'art. 263 par l'art. 6. — La correction faite par la loi du 28 avril 1832 (Révision du Code pénal) n'y sera point un obstacle quand on songera que la chambre ayant décidé en principe que la peine de la *dégradation* civique remplacerait partout celle du *carcan*, on a ensuite remplacé un mot par l'autre dans tous les articles où il se trouvait, sans réfléchir à l'anomalie qui en résulterait pour l'art. 263.

D'ailleurs dans le doute où la contradiction des textes, en matière criminelle, on doit toujours se décider pour la moindre peine.

Dans tous les cas, si un ministre de la religion a été frappé d'une manière grave, on peut toujours appliquer les peines de droit commun pour coups et blessures. (Code pénal, art. 311 et 315.)

IV. Du reste, le délit d'*outrage* dont parle cet article n'est pas une création de la loi de 1822. Il était réprimé par les art. 222 et suivans du Code pénal, cités plus haut; seulement il a été étendu à des cas nouveaux, et comprend dans sa généralité tous les modes d'outrages, même l'injure ou la diffamation.

V. Pour que le délit d'outrage envers le témoin existe et soit passible de la peine, il importe peu que l'outrage eut eu lieu en présence ou en l'*absence* de ce témoin. (Arr. C. C. 12 septembre 1828; Bull. p. 775; Sirey, 28-1-365; Dalloz, 1828-1-414.)

Toutefois ce droit donné au témoin de poursuivre les diffamations dont il est l'objet, ne doit rien enlever à la défense de la liberté qu'elle a de discuter la moralité des témoins. (Art. 319 du code d'instruction criminelle). Aussi est-ce, en principe, au ministère public qu'appartient l'action pour les outrages aux témoins. (Voy. art. 23, loi du 17 mai 1819.)

VI. A la publicité définie et restreinte par l'article 1er de la loi du 17 mai, le législateur a substitué une publicité dont il a laissé aux juges l'application; cette dernière vérité est d'autant plus évidente, qu'à l'égard du délit spécifié dans les cinq premiers articles, la loi du 25 mars exige la publicité prescrite par la loi du 17 mai, et elle n'impose pas cette condition pour les délits prévus par l'art. 6. (Arr. C. C. 18 juillet 1828; Bull. p. 646; Dalloz, 1828-1-337.)

VII. Caractère du fonctionnaire public, et de l'exercice de ses fonctions:

1° Les commissaires de police sont fonctionnaires publics. (Arr. C. C. du 13 juin 1828; Bull. p. 451; Dalloz, 1828-1-278.)

Ils sont magistrats de l'ordre administratif. (Arr. C. C. 4 juillet 1833; Bull., p. 325, Dalloz, 1833-1-320.)

2° Il n'est pas nécessaire que le fonctionnaire outragé soit revêtu de son costume, au moment de l'outrage, pour qu'il y ait lieu à l'application de la loi; il suffit que l'on puisse constater, en fait, que le délinquant a connu sa qualité au moment du délit. (Arr. C. C. 26 mars 1813; Bull. p. 135; Sirey, 1813-1-391; Dalloz, jurisp. gén., t. XI p. 96.)

Quand bien même un fonctionnaire public agirait incompétemment (un adjoint assistant une saisie), et que son acte dût être ultérieurement annulé comme illégal, l'outrage qui serait commis envers lui n'en serait pas moins passible de la peine. (Arr. C. C., 1er avril 1813; Bull. p. 156; Sirey, 13-1-324; Dalloz, jurisp. gén., t. XI, p. 97.).

3° Un notaire est dans l'exercice de ses fonctions quand il donne lecture d'un testament mystique dont il est dépositaire. (Arr. C. C., 2 juin 1809; Bull. p. 199.)

Un maire, quand il assiste au conseil de fabrique. (Arr. C. C. 28 août 1823; Bull. p. 360.) — A la commission du cadastre. (Arr. C. C. 28 février 1828; Bull. p. 134; Dalloz, 1828-1-156).

4°. L'art. 222 du code pénal n'ayant point fait de restriction, la peine est applicable aux injures proférées contre le fonctionnaire à l'occasion de l'exercice de ses fonctions, qu'il soit absent ou présent. (Arr. C. C., 10 avril 1817; Sirey, 18-1-24; Dalloz, jurisp. gén., t. XI, p. 130.)

5° Les faits d'imputations diffamatoires,

7. L'infidélité et la mauvaise foi dans le compte que rendent les journaux et écrits périodiques des séances des chambres et des audiences des cours et tribunaux, seront punies d'une amende de 1,000 fr. à 6,000 fr.

En cas de récidive, ou lorsque le compte rendu sera offensant pour l'une ou l'autre des chambres, ou pour l'un des pairs ou des députés, ou injurieux pour la cour, le tribunal, ou l'un des magistrats, des jurés ou des témoins, les éditeurs du journal seront en outre condamnés à un emprisonnement d'un mois à trois ans.

Dans les mêmes cas, il pourra être interdit, pour un temps limité ou pour toujours, aux propriétaires et éditeurs du journal ou écrit périodique condamné, de rendre compte des débats législatifs ou judiciaires. La violation de cette dé-

---

commis envers un témoin à cause de sa déposition devant un tribunal de commerce, établissent un délit de la compétence des tribunaux correctionnels. (Arr. C. C., 6 novembre 1823. Bull. n° 148.)

Art. 7.—I. Il ne suffit pas qu'il y ait *infidélité*, il faut que le compte-rendu soit *intentionnellement* inexact. — L'art. 22 de la loi du 17 mai 1819, excepte de toute poursuite tout compte rendu de bonne foi.

II. Mais le point difficile de la question est de savoir quand il y a *compte-rendu*, car les réflexions que peut faire un journal à l'occasion d'un procès et des débats des chambres, échappent à la juridiction exceptionnelle créée par l'art. 7. — Il semble que c'est là une question dont la solution résulte des circonstances; et dans ce cas la cour de cassation doit nécessairement entrer dans l'examen de ces circonstances, pour décider si la cour ou le tribunal a été réellement compétente. Quant aux chambres, leur décision est souveraine.

Un arrêt, rendu dans un procès célèbre, celui du *National*, a rejeté le pourvoi intenté par le gérant de ce journal, contre un arrêt de cour royale qui le condamnait pour un compte-rendu infidèle contenu dans l'article de réflexions, connu sous le nom de *premier Paris*, alors que le même numéro contenait un compte rendu détaillé, suivant l'usage, des débats de la cour d'assises, lequel n'étoit point incriminé. (Arr. C.C. 18 octobre 1833 ; Sirey 23-1-42: Dalloz, 32-1-394.) Le rejet est motivé en droit et en fait.

III. Le même procès du *National* a soulevé plusieurs graves questions dont voici les solutions :

Lorsqu'il y a eu pourvoi en cassation contre l'arrêt qui condamne un journal pour infidélité et mauvaise du compte rendu, l'interdiction de rendre compte à l'avenir commence à compter du jour où le pourvoi a été *rejeté*, et non de celui où le rejet est *notifié*. (Arr. C.C. du 31 mai 1834.

L'interdiction prononcée par une chambre ou une cour ne s'étend qu'aux débats qui ont lieu devant cette chambre ou cette cour, et non à tous les débats législatifs ou judiciaires. — C'est ce qui a été déclaré positivement à la chambre des pairs, lors de la discussion. (Séance du 5 mars 1822, discussion l'art. 16, *Moniteur* du 20.) Ainsi jugé dans l'affaire du *National*, même quand sa condamnation est prononcée, en vertu de renvoi après cassation, par une autre cour. (Arr. C.C. du 14 décembre 1833.)

Si, pour échapper a l'interdiction prononcée contr'eux, les propriétaires du journal dissolvent leur société; qu'il en soit ensuite contracté une nouvelle, avec nouvelle constitution de cautionnement, nouvelle déclaration, mais en modifiant seulement le titre du journal, (*National de* 1834 au lieu de *National*). L'interdiction subsiste. Il n'y a pas là un nouveau journal. Arr. C.C. du 8 février 1834, Bull. p. 57.)

Remarquez que la décision de la question réside principalement dans l'appréciation des faits.

IV. Les ordonnances que le président d'une cour d'assises rend à l'audience dans les limites de ses pouvoirs, pour lesquels le concours des autres magistrats qui siègent auprès de lui n'est pas nécessaire, sont de véritables jugemens, lesquels se trouvent protégés, comme tous les actes judiciaires qui se passent à l'audience par les dispositions de l'art. 7. (Arrêt du 6 juin 1834.)

Voyez au surplus les notes sur l'art. 16.

La récidive, nécessaire pour permettre l'interdiction de rendre compte, peut résulter quand le journaliste est condamné pour infidélité de compte rendu des débats législatifs, d'une condamnation antérieure pour infidélité de compte rendu des débats judiciaires et réciproquement. (Arrêt C. C. du 19 octobre 1833; affaire de La *Tribune*. (Sirey 34-1-46; Dalloz 33-1-357.) C'est ce qui a été également décidé par la chambre des députés, dans le procès du *Réformateur* le 4 juin 1835, et par la chambre des pairs dans celui *des défenseurs des accusés d'avril* le 26 mai 1835.

Remarquons qu'ordinairement la *récidive* entraîne pour les juges l'obligation de prononcer une aggravation de peine qui consiste à appliquer le maximum. Ici la loi, pour la récidive, ajoute à l'amende un emprisonnement dont la durée est *facultative* dans les termes fixés.

fense sera punie de peines doubles de celles portées au présent article.

8. Seront punis d'un emprisonnement de six jours à deux ans, et d'une amende de 16 fr. à 4,000 fr., tous cris séditieux publiquement proférés.

9. Seront punis d'un emprisonnement de quinze jours à deux ans, et d'une amende de 100 fr. à 4,000 fr.,

1° L'enlèvement ou la dégradation des signes publics de l'autorité royale, opérés en haine ou mépris de cette autorité;

2° Le port public de tous signes extérieurs de ralliement non autorisés par le roi ou par des réglemens de police;

3° L'exposition dans les lieux ou réunions publics, la distribution ou la mise en vente de tous les signes ou symboles destinés à propager l'esprit de rebellion ou à troubler la paix publique.

(10. Quiconque, par l'un des moyens énoncés en l'art. 1er de la loi du 17 mai 1819, aura cherché à troubler la paix publique en excitant le mépris ou la haine des citoyens contre une ou plusieurs classes de personnes, sera puni des peines portées en l'article précédent.)

11. Les propriétaires ou éditeurs de tout journal ou écrit périodique seront tenus d'y insérer dans les trois jours de la réception, ou dans le plus prochain numéro, s'il n'en était pas publié avant l'expiration des trois jours, la réponse de toute personne nommée ou désignée dans le journal ou écrit périodique, sous peine d'une amende de 50 fr. à 500 fr., sans préjudice des autres peines et dommages-intérêts auxquels l'article incriminé pourrait donner lieu. Cette insertion sera gratuite, et la réponse pourra avoir le double de la longueur de l'article auquel elle sera faite.

« 12. Toute publication, vente ou mise « en vente, exposition, distribution, « sans l'autorisation préalable du gouver« nement, de dessins gravés ou lithogra« phiés, sera, pour ce seul fait, punie « d'un emprisonnement de trois jours à « six mois, et d'une amende de 10 fr. à « 500 fr, sans préjudice des poursuites

---

Art. 8. — Les juges peuvent admettre des circonstances atténuantes. (Art. 14.)

Art. 9. — I. Les juges peuvent admettre des circonstances atténuantes. (Art. 14.)

II. L'expositions de signes séditieux sur le toit d'une maison particulière constitue le délit d'exposition de signes ou symboles séditieux dans un lieu public. Arr. C. C., 20 septembre 1832. Bull. crim., n° 363. (Art. 1er, loi du 17 mai 1819, note VIII.)

La mise en vente est assimilée à l'exposition publique; peu importe qu'elle n'ait pas lieu publiquement, mais d'une manière clandestine et dans le magasin d'une boutique; peu importe encore que les signes séditieux soient vendus à un prix élevé, du moment que les acheteurs qui se présentent peuvent en obtenir. (Arr. C. C., 16 août 1833; Bull. p. 419; Sirey, 33-1-875, Dalloz, 1833-1-321.)

III. Les délits prévus par cet art. sont *politiques* et en conséquence de la compétense des cours d'assises. (Art. 6, 7 et 30, loi du 8 octobre 1830.)

Art. 10. — I. Par le mot *classe* il faut entendre toutes personnes prises collectivement, soit qu'on les désigne par le lieu de leur origine, par la religion qu'elles professent, par les opinions qu'on leur attribue, par le rang qu'elles occupent dans la société, par les fonctions qu'elles remplissent, par la profession qu'elles exercent, ou enfin de toute autre manière. (Exposé des motifs, séance du 3 décembre 1821.) — Modifié par l'art. 8, loi du 9 *septembre* 1835, art. 17.

II. Les gardes nationaux outragés hors de l'exercice de leurs fonctions d'agens de la force publique, sont considérés comme une classe de citoyens, et les outrages proférés contre eux sont de la compétence des cours d'assises, aux termes de l'art. 1er de la loi du 8 octobre 1830. (Arr. C. C., 29 avril 1831; Bull. n° 101.)

Art. 12. — I. Il suffit qu'une personne ait été l'objet d'un article de journal pour avoir le droit de faire insérer dans ce journal une réponse à cet article. — Ce droit peut être exercé alors même que l'article ne serait ni injurieux ni diffamatoire. (Arr. C. C., 11 septembre 1829; Bull. p. 538; Sirey, 20-1-413; Dalloz, 1829-1-356.)

II. L'insertion de la réponse n'affranchit pas le rédacteur de la responsabilité que l'art. a pu lui faire encourir. — La personne attaquée a tout à la fois l'action en diffamation ou injure et celle tendant à contraindre le journaliste à l'insertion de sa réponse. (Même arrêt que ci-dessus, et arr. C. C. du 15 février 1834; Bull. p. 62.)

III. Le droit de réponse, accordé par l'art. 11 de la loi du 25 mars 1822, comprend celui de répliquer aux observations dont le gérant d'un journal a accompagné une première réclamation. (Arr. C. C., 24 août 1832, Bull. n° 321.)

Art. 12. — Cet art. qui reproduisait l'art.

« auxquelles pourrait donner lieu le sujet « du dessin. »

13. L'art. 10 de la loi du 9 juin 1819 est commun à toutes les dispositions du présent titre, en tant qu'elles s'appliquent aux propriétaires ou éditeurs d'un journal ou écrit périodique.

14. Dans les cas de délits correctionnels prévus par les premier, second et quatrième paragraphes de l'art. 6, par l'art. 8 et par le premier paragraphe de l'art. 9 de la présente loi, les tribunaux pourront appliquer, s'il y a lieu, l'art. 463 du Code pénal.

TITRE II. — *De la poursuite.*

15. Dans le cas d'offense envers les chambres ou l'une d'elles par l'un des moyens énoncés en la loi du 17 mai 1819, la chambre offensée, sur la simple réclamation d'un de ses membres, pourra, si mieux elle n'aime autoriser les poursuites par la voie ordinaire, ordonner que le prévenu sera traduit à sa barre. Après qu'il aura été entendu ou dûment appelé, elle le condamnera, s'il y a lieu, aux peines portées par les lois. La décision sera exécutée sur l'ordre du président de la chambre.

16. Les chambres appliqueront elles-

---

8 de la loi temporaire du 13 mars 1820 sur la censure, a été abrogé par la loi du 8 octobre 1830. (Art. 5.) — Renouvelé par l'art 20 de la loi du 9 *septembre* 1835.

ART. 13. — C'est-à-dire que, pour les délits commis par la voie des journaux, les amendes peuvent être élevées au double, et en récidive au quadruple. — Voyez la note sur cet art. 10, et aussi l'art. 14, loi du 18 juillet 1828 qui les modifie.

I. En matière de délit de presse, il n'y a lieu à l'application de l'art. 463 du Code pénal que dans les cas spécialement prévus par l'art. 14 de la loi du 25 mars 1822 et non dans d'autres cas, tel que celui de provocation publique à un délit non suivi d'effets. — En principe, à moins d'exception formelle, l'art. 463, ne doit s'appliquer qu'aux matières du Code pénal et non dans le cas des lois spéciales. (Arr. C. C. 13 sept. 1832. — Bull. crim. n° 480; Sirey 33-1-191; Dalloz, 1833-1-169. — 22 sept. 1832; Bull. p. 518; Sirey, 33-1-191; — 17 octobre 1832; Bull. p, 588; Sirey, 33-1-639; Dalloz, 1833-1-208.).

II. Voy. les art. 16 et suivans. Loi du 17 mai 1819. Voy. aussi les lois du 10 décembre 1830 et 16 février 1834 qui admettent l'application de l'art. 463.

Art. 463 du Code pénal. — Les peines prononcées par la loi contre celui ou ceux des accusés reconnus coupables, en faveur de qui le jury aura déclaré les circonstances atténuantes, seront modifiées ainsi qu'il suit : — Si la peine prononcée par la loi est la mort, la cour appliquera la peine des travaux forcés à perpétuité ou celle des travaux forcés à temps. Néanmoins, s'il s'agit de crimes contre la sûreté extérieure ou intérieure de l'Etat, la cour appliquera la peine de la déportation ou celle de la détention; mais dans les cas prévus par les articles 86, 96 et 97, elle appliquera la peine des travaux forcés à temps. — Si la peine est celle des travaux forcés a perpétuité, la cour appliquera la peine des travaux forcés à temps ou celle de la réclusion. — Si la peine est celle de la déportation, la cour appliquera la peine de la détention ou celle du bannissement. — Si la peine est celle des travaux forces a temps, la cour appliquera la peine de la réclusion ou les dispositions de l'article 401, sans toutefois pouvoir réduire la durée de l'emprisonnement au-dessous de deux ans. — Si la peine est celle de la réclusion, de la détention, du bannissement où de la dégradation civique, la cour appliquera les dispositions de l'article 401, sans toutefois pouvoir réduire la durée de l'emprisonnement au-dessous d'un an. — Dans le cas où le Code prononce le *maximum* d'une peine afflictive, s'il existe des circonstances atténuantes, la cour appliquera le *maximum* de la peine, ou même la peine inférieure. — Dans tous les cas où la peine de l'emprisonnement et celle de l'amende sont prononcées par le Code pénal, si les circonstances paraissent atténuantes, les tribunaux correctionnels sont autorisés, même en cas de récidive. à réduire l'emprisonnement même au-dessous de six jours, et l'amende même au-dessous de seize francs; ils pourront aussi prononcer séparément l'une ou l'autre de ces peines, et même substituer l'amende à l'emprisonnement, sans qu'en aucun cas elle puisse être au-dessous des peines de simple police.

ART. 15. — Création nouvelle dans la loi; maintenu expressément par l'art. 3. Loi du 8 octobre 1830.

Depuis la révolution de juillet, la chambre des députés a usé deux fois de son droit contre les gérans de la *Tribune* et du *Réformateur*, et la chambre des pairs une fois contre les défenseurs des prévenus connus sous le nom de prévenus d'avril. Ces trois citations ont été suivies de condamnations. (Voir la séance de la chambre des députés des 8, 9, 10 et 11 avril 1833; 26 mai 1835; et celle de la chambre des pairs du 4 juin 1835.)

ART. 16. — I. Attribution exceptionnelle maintenue par la loi du 8 octobre 1830, article 3.

II. Dans l'affaire du *National*, citée en note à l'art. 7 la cour de cassation a décidé que la loi du 8 octobre 1830, *ayant été délibérée et promulguée dans les formes constitutionnelles prescrites par la Charte*, fait la règle des tribunaux et ne peut pas être attaquée devant eux pour cause d'inconstitutionnalité. (Arr. C. C. 11 mai 1833; Bull. p. 236; Sirey, 33-1-357; Dalloz, 1833-1-227.)

III. Les cours et les tribunaux qui peuvent

mêmes, conformément à l'art. précédent, les dispositions de l'art. 7 relatives au compte rendu par les journaux de leurs séances.

Les dispositions du même art. 7 relatives au compte rendu les audiences des cours et tribunaux, seront appliquées directement par les cours et tribunaux qui auront tenu ces audiences.

« 17. Seront poursuivis devant la police « correctionnelle et d'office, les délits com-« mis par la voie de la presse, et les autres « délits énoncés en la présente loi et dans « celle du 17 mai 1819, sauf les cas prévus « par les articles 15 et 16 ci-dessus. Néan-« moins la poursuite n'aura lieu d'office, « dans le cas prévu par l'article 12 de la « loi du 17 mai 1819, et dans celui de dif-« famation ou d'injure contre tout agent « diplomatique étranger, accrédité près « du roi, ou contre tout particulier, que « sur la plainte ou à la requête soit du « souverain ou du chef du gouvernement « qui se croira offensé, soit de l'agent di-« plomatique ou du particulier qui se croira « diffamé ou injurié.

« Les appels des jugemens, rendus par « les tribunaux correctionnels sur les dé-« lits commis par des écrits imprimés par « un procédé quelconque, seront portés « directement, sans distinction de la situa-« tion locale desdits tribunaux, aux cours « royales pour y être jugés par la première « chambre civile et la chambre correc-« tionnelle réunies, dérogeant, quant à ce, « aux articles 200 et 201 du Code d'ins-« truction criminelle.

« Les appels des jugemens rendus par « les mêmes tribunaux sur tous les autres « délits prévus par la présente loi et par « celle du 17 mai 1819, seront jugés dans « la forme ordinaire fixée par le Code pour « les délits correctionnels.

« 18. En aucun cas la preuve par té-

---

de même que les chambres, prononcer contre ceux qui auraient rendu un compte infidèle de leur séance, les peines portées par la loi, n'ont pas comme elles le pouvoir de statuer en dernier ressort, sans être assujétis à des délais et à des formes déterminées. (Arr. C. C. 7 décembre 1822; Bull. n° 174.) — Leurs jugemens et arrêts peuvent être attaqués par voie d'opposition d'appel ou de pourvoi en cassation. (Arr. C. C. 6 mars 1823; Bull. p. 85; Sirey 23-1-20; Dalloz, jurisp. gén. Voy. *presse* p. 335. — Arr. du 22 novembre 1833; affaire du *National*; Bull. p. 590; Sirey, 33-1-841; Dalloz, 1833-1-395.)

Quand il y a eu pourvoi, cassation et renvoi devant une nouvelle cour, les juges saisis par l'arrêt de renvoi sont compétens pour statuer au lieu et place des juges attaqués. (Arr. C. C. 18 oct. 1833; affaire du *National*; Bull. p. 557; Sirey, 34-1-42; Dalloy, 1833-1-394.)

IV. La cour ou le tribunal attaqué a pouvoir pour statuer sur l'infraction à la défense prononcée de rendre compte des débats judiciaires. — Car l'art. 16 lui attribue compétence pour prononcer toutes les peines portées en l'art. 7.

Bien plus, même quand l'interdiction a été prononcée par un autre tribunal, par suite d'un arrêt de renvoi, c'est toujours le tribunal offensé qui est gardien de l'exécution de la défense de rendre compte. (Arr. C. C. 14 décembre 1833, affaire du *National*, Bull., p. 633; Sirey, 34-1-43; Dalloz 1834-1-128. — Arr. C.C. du 8 février 1834; affaire du *National de* 1834; Bull. p. 57; Sirey 34-1-156; Dalloz 34-1-172.)

V. Aucun arrêt n'a décidé la question de savoir si le ministère public peut poursuivre un compte rendu infidèle, sans avoir obtenu l'autorisation préalable du tribunal, comme pour le cas de diffamation ou d'injure envers le tribunal. — La question se compliquerait, si le compte rendu était en même tems injurieux pour un des membres; car nul ne peut se voir conduit devant la justice malgré lui, pour voir venger son injure. — Le traité des lois de la presse en 1834, par M. Parant, contient à ce sujet une longue discussion, qui conclut à la liberté du ministère public. Page 214 et suiv. — Nous estimons que l'action du ministère public devrait être soumise, dans ce cas, à la volonté du tribunal attaqué. Il faut prendre garde d'étendre les exceptions.

VI. La cour qui prononce sur le délit d'un compte infidèle n'est pas tenue de faire entendre préalablement des témoins sur les faits et discours dont le compte infidèle a été rendu. (Ar.. C.C. 7 décembre 1822; Bull., p. 519; Sirey 23-1-30; Dalloz, Jurisp. gén., v° *Presse*, p. 333; — 26 août 1831. — C. C. Rejet. — Bull. crim. p. 355; Sirey 31-1-372; Dalloz 1832-1-287.)

La cour qui refuse d'entendre des témoins sur les faits ou discours dont le compte infidèle a été rendu, doit reconnaître dans son arrêt ou dans un procès-verbal séparé et préalablement dressé les faits tels qu'elle reconnaît qu'ils se sont passés. (Art C. C. 7 décembre 1822, indiqué ci-dessus.)

De ce qu'un procès-verbal des faits a été dressé en l'absence du prévenu et avant la condamnation, il n'en résulte pas la nullité de l'arrêt de condamnation, si cet arrêt d'ailleurs renferme les motifs qui lui ont servi de base, et qui n'avaient pas besoin de l'appui du procès-verbal. (Arr. C. C. 26 août 1831, indiqué ci-dessus.)

Art. 17 et 18. — I. Abrogés par la loi du 8

« moins ne sera admise pour établir la « réalité des faits injurieux ou diffamatoires.

—

ORDONNANCE DU 1 MAI 1822

Concernant des dispositioos relatives à la publication de tous dessins gravés ou lithographiés.

[Louis XVIII. — M. de Peyronnet.]

« Vu l'article 12 de la loi du 25 mars « 1822, qui interdit la publication, vente « ou mise en vente, exposition ou distri- « bution de tous les dessins gravés ou li- « thographiés, sans l'autorisation préala- « ble du gouvernement;

« Voulant pourvoir à l'exécution de cet « article, de manière à assurer la répres- « sion de toute contravention;

« Sur le rapport de notre ministre se- « crétaire d'état au département de l'inté- « rieur,

« Nous avons ordonné et ordonnons ce « qui suit :

« Art. 1er. Dans le cas prévu par l'arti- « cle 12 de la loi du 25 mars 1822, l'auto- « risation du gouvernement sera délivrée, « à Paris, au bureau de la librairie, et, « dans les départemens, au secréteriat « de chaque préfecture, en exécution de la « loi du 21 octobre 1814 et de notre or- « donnance du 24 du même mois. Cette « autorisation contiendra la désignation « sommaire du dessin gravé ou lithogra- « phié, et du titre qui lui aura été donné.

« Elle sera inscrite sur une épreuve qui « demeurera au pouvoir de l'auteur ou de « l'éditeur, et qu'il sera tenu de représen- « ter à toute réquisition.

« L'auteur ou l'éditeur, en recevant l'au- « torisation, déposera au bureau de la li- « brairie ou au secrétariat de la préfecture, « une épreuve destinée à servir de pièce de « comparaison; il certifiera, par une dé- « claration inscrite sur cette épreuve, sa « conformité avec le reste de l'édition « pour laquelle l'autorisation lui sera accor- « dée.

« 2. A l'égard des dessins gravés ou li- « thographiés qui ont paru avant la publi- « cation de la présente ordonnance, il est « accordé un délai d'un mois pour se pour- « voir de la même autorisation.

« 3. Notre ministre secrétaire d'état au « département de l'intérieur est chargé « de l'exécution de la présente ordon- « nance. »

—

ORDONNANCE DU 15 AOUT 1824

Qui rétablit la censure.

[Louis XVIII. — M. de Peyronnet.]

Louis, etc.; vu l'art. 4 de la loi du 17 mars 1822, ainsi conçu : (voyez page 54) — Considérant que la jurisprudence de nos cours a récemment admis pour les journaux une existence de droit indépendante de leur existence de fait; que cette interprétation fournit un moyen sûr et facile d'éluder la suspension et la suppression des journaux; qu'il suit de là que les moyens de répression établis par l'art. 3 de la loi du 17 mars 1822, sont devenus insuffisans; — Voulant dans ces circonstances et jusqu'à la prochaine réunion des chambres pourvoir avec efficacité au maintien de l'ordre public. — Notre conseil d'état entendu, nous avons ordonné et ordonnons ce qui suit :

«Les lois du 31 mars 1820 et 26 juillet » 1821 sont remises en vigueur à dater de » ce jour. »

---

octobre 1830 qui a fait revivre la juridiction des cours d'assises en matière de presse, et qui a renvoyé pour l'exécution à la loi du 26 mai 1819.

II. L'art. 12 dont il est question est celui qui punit les offenses envers les souverains étrangers.

III. Art. 200 et 201 du code pénal. — Voyez le texte sur l'art. 7, loi du 17 mai 1819.

Ordonnance du 1er mai 1822— Abrogée avec l'art. 12 par la loi du 8 octobre 1830. — Voyez l'art. 20 de la loi du 9 septembre 1835, et l'ordonnance d'exécution.

Ordonnance du 15 août 1824.

Cette ordonnance rendue le 15 a été promulguée le lendemain 16 et suivie le même jour d'une ordonnance d'exécution, qui chargeait une commission de 6 membres, sous la présidence du *directeur de la police*, de l'examen préalable des journaux et écrits périodiques. — Dans les départemens, les censeurs devaient être nommés par les préfets. — L'ordonnance du 15 août n'a eu son effet que jusqu'au 29 septembre suivant, date d'une ordonnance abrogatoire.

La censure a été rétablie temporairement par ordonnance du 24 juin 1827. — Voyez cette ordonnance et les notes sur l'art. 4 de la loi du 17 mars 1822.

ORDONNANCE DU 24 JUIN 1827

Qui rétablit la censure.

[Louis XVIII. — M. de Peyronnet]

Vu l'art. 4 de la loi du 17 mars 1822, — Nous avons ordonné, etc.

« ART. 1er. Les lois du 31 mars 1820 et « 26 juillet 1821 sont remises en vigueur » à dater de ce jour.

« 2. Notre ministre de l'intérieur est « chargé, etc. »

ORDONNANCE DU 1 SEPTEMBRE 1827

Qui décide que le réglement de 1723 est encore en vigueur.

(Voyez-en le texte en note, sous l'article 11 de la loi du 21 octobre 1814, p. 22).

ORDONNANCE DU 9 JANVIER 1828

Qui réduit le nombre des exemplaires d'écrits imprimés, et d'épreuves de dessins déposés en vertu de l'ordonnance du 24 octobre 1814.

(Voyez le texte en note sous l'article 4 de l'ordonnance du 24 octobre 1814, p. 26).

LOI DU 18 JUILLET 1828

Sur les journaux et écrits périodiques.

[Charles X. — M. de Portalis.]

ART. 1er. Tout Français majeur, jouissant des droits civils, pourra, sans autorisation préalable, publier un journal ou écrit périodique, en se conformant aux dispositions de la présente loi.

2. Le propriétaire ou les propriétaires de tout journal ou écrit périodique seront tenus, avant sa publication, de fournir un cautionnement.

(Si le journal ou écrit périodique paraît plus de deux fois par semaine, soit à jour fixe, soit par livraisons et irrégulièrement, le cautionnement sera de six mille francs de rentes.)

(Le cautionnement sera égal aux trois quarts du taux fixé, si le journal ou écrit périodique ne paraît que deux fois par semaine.)

(Il sera égal à la moitié de ce cautionnement, si le journal ou écrit périodique ne paraît qu'une fois par semaine.)

(Il sera égal au quart, si le journal ou écrit périodique paraît seulement plus d'une fois par mois.)

(Le cautionnement des journaux quotidiens publiés dans les départemens autres que ceux de la Seine, de Seine-et-Oise et de Seine-et-Marne, sera de deux mille francs de rentes dans les villes de cinquante mille âmes et au-dessus, de douze cents francs de rentes dans les autres villes, et de la moitié de ces rentes pour les journaux ou écrits périodiques qui paraissent à des termes moins rapprochés.)

Ordonnance du 24 juin 1827.

Cette ordonnance est accompagnée de 3 autres ordonnances en date du même jour, pour en régler l'exécution. — D'après ces ordonnances il y avait à Paris un bureau de 6 censeurs, surveillé par une haute commission de 9 membres. Cette commission devait surveiller aussi les censeurs des départemens, nommés par les préfets. — Ces ordonnances réglaient d'ailleurs les rapports des journaux avec le bureau de censure.

L'ordonnance du 24 juin a cessé d'avoir son effet le 5 novembre suivant, par ordonnance de cette dernière date. — L'ordonnance du 24 juin avait été rendue le surlendemain de la fin de la session de 1826, et celle du 5 novembre le jour même de la dissolution de la chambre de 1827, en même temps qu'une *fournée* de pairs. — Voyez l'ordonnance du 15 août 1824, et les notes sur l'art. 4 de la loi du 17 mai 1822.

Loi du 18 juillet 1828.

Présentation à la chambre des députés le 14 avril. — Rapport (M. Séguy), le 19 mai. — Discussion du 29 mai au 19 juin — Adoption le 19 juin.

Présentation à la chambre des pairs, le 25 juin. — Rapport (M. Siméon) le 5 juillet. — Discussion du 9 au 12. — Adoption le 12 juillet.

Sanction le 18 juillet. — Promulgation le 19.

Loi en vigueur, avant celle du septembre 1835, sur les conditions d'établissement d'un journal. Retour à des idées de liberté. En grande partie maintenue, pour ce qui est de formalité, par les lois de 1830. — Voyez les notes sur ces lois, et celle sur la loi du 17 et du 26 mai 1819.

ART. 1er. — Cet article et les suivans remplacent l'art. 1er de la loi du 19 juin 1819. — La formalité de l'autorisation, qui n'était pas exigée par la législation de 1819 avait été rétablie par les lois du 31 mars 1820 et 17 mars 1822. — Son établissement remontait à la loi du 27 nivose an VIII. (17 janvier 1800.) Voy. la note page 8.

ART. 2. — Voyez l'art. 1er, loi du 14 décembre 1830, qui réduit le chiffre du cautionne-

3. Seront exempts de tout cautionnement,

1° Les journaux ou écrits périodiques qui ne paraissent qu'une fois par mois ou plus rarement ;

2° Les journaux ou écrits périodiques exclusivement consacrés, soit aux sciences mathématiques, physiques et naturelles, soit aux travaux et recherches d'érudition, soit aux arts mécaniques et libéraux, c'est-à-dire aux sciences et aux arts dont s'occupent les trois académies des sciences, des inscriptions et des beaux-arts de l'Institut royal ;

3° Les journaux ou écrits périodiques étrangers aux matières politiques, et exclusivement consacrés aux lettres ou à d'autres branches de connaissances non spécifiées précédemment, pourvu qu'ils ne paraissent au plus que deux fois par semaine ;

4° Tous les écrits périodiques étrangers aux matières politiques et qui seront publiés dans une autre langue que la langue française ;

5° Les feuilles périodiques exclusivement consacrées aux avis, annonces, affiches judiciaires, arrivages maritimes, mercuriales et prix courans.

Toute contravention aux dispositions du présent article et du précédent sera punie conformément à l'article 6 de la loi du 9 juin 1819.

4. En cas d'association, la société devra être l'une de celles qui sont définies et régies par le Code de commerce.

Hors le cas où le journal serait publié par une société anonyme, les associés seront tenus de choisir entre eux, un, deux ou trois gérans, qui aux termes des articles 22 et 24 du Code de commerce, auront chacun individuellement la signature.

Si l'un des gérans responsables vient à décéder ou à cesser ses fonctions par une cause quelconque, les propriétaires seront tenus, dans le délai de deux mois, de le remplacer, ou de réduire, par un acte revêtu des mêmes formalités que celui de société, le nombre de leurs gérans. Ils auront aussi, dans les limites ci-dessus déterminées, le droit d'augmenter ce nombre en remplissant les mêmes formalités. S'ils n'en avaient constitué qu'un seul, ils se-

---

ment. — Pour la réalisation Voy. l'ordonnance du 29 juillet 1828, laquelle se réfère à la loi du 9 juin 1819.

Il doit être justifié du cautionnement au procureur du roi, et si le journal paraissait avant la réalisation, la peine serait pour le gérant, un mois à six mois d'emprisonnement, et 200 francs à 1200 francs d'amende. (Art. 3 ci-après et 5 de la loi du 9 juin 1819.)

Un écrit, même en vers, par cela seul qu'il contient des satires contre des personnages politiques et des allusions aux évènemens du temps, encore qu'il ne renferme aucune nouvelle ni discussion politiques, doit être rangé dans la classe des écrits politiques assujettis au cautionnement. (Arr. C. C., Barthélemy. — 29 décembre 1831, Bull. n° 333.

Lois de 1835. — Le cautionnement, diminué par la loi du 14 décembre 1830, a été porté à un taux à peu près égal à celui du présent art. 2, par l'art. 13 de la loi du 9 septembre 1835.

Art. 3. — La peine prononcée par la loi du 9 juin 1819 (art. 6.), est un emprisonnement d'un mois à six mois, et une amende de 200 francs à 1200 francs. — Cette exemption est maintenue par la loi du 9 septembre 1835 art. 14.

Art. 4. — Cet article est virtuellement maintenu par la loi du 9 septembre 1835. Voyez toutefois l'art. 19 de cette loi.

Articles du code de commerce rappelés dans l'art. 4.

19 La loi reconnaît trois espèces de sociétés commerciales :

La société en nom collectif,

La société en commandite,

La société anonyme.

20. La *société en nom collectif* est celle que contractent deux personnes ou un plus grand nombre, et qui a pour objet de faire le commerce sous une raison sociale.

21 Les noms des associés peuvent seuls faire partie de la raison sociale.

23. La *société en commandite* se contracte entre un ou plusieurs associés responsables et solidaires, et un ou plusieurs associés simples bailleurs de fonds, que l'on nomme *commanditaires* ou *associés en commandite*.

Elle est régie sous un nom social, qui doit être nécessairement celui d'un ou plusieurs des associés responsables et solidaires.

29. La *société anonyme* n'existe point sous un nom social : elle n'est désignée par le nom d'aucun des associés :

30. Elle est qualifiée par la désignation de l'objet de son entreprise.

31. Elle est administrée par des mandataires à temps, révocables, associés ou non associés, salariés ou gratuits.

22. Les associés en nom collectif indiqués dans l'acte de société, sont solidaires pour tous les engagemens de la société, encore qu'un seul des associés ait signé, pourvu que ce soit sous la raison sociale.

24. Lorsqu'il y a plusieurs associés solidaires et en nom, soit que tous gèrent ensemble, soit qu'un ou plusieurs gèrent pour tous, la société est, à la fois, société en nom collectif à leur égard, et société en commandite à l'égard des simples bailleurs de fonds.

ront tenus de le remplacer dans les quinze jours qui suivront son décès ; faute par eux de le faire, le journal ou écrit périodique cessera de paraître, à peine de mille francs d'amende pour chaque feuille ou livraison qui serait publiée après l'expiration de ce délai.

5. Les gérans responsables, ou l'un ou d'eux d'entre eux, surveilleront et dirigeront par eux-mêmes la rédaction du journal ou écrit périodique.

Chacun des gérans responsables devra avoir les qualités requises par l'article 980 du Code civil, « être propriétaire au moins « d'une part ou action dans l'entreprise, et « posséder, en son propre et privé nom, un « quart au moins du cautionnement. »

6. Aucun journal ou écrit périodique soumis au cautionnement par les dispositions de la présente loi ne pourra être publié, s'il n'a été fait préalablement une déclaration contenant,

1° Le titre du journal ou écrit périodique, et les époques auxquelles il doit paraître ;

2° Le nom de tous les propriétaires autres que les commanditaires, leur demeure, leur part dans l'entreprise ;

3° Le nom et la demeure des gérans responsables ;

4° L'affirmation que ces propriétaires et gérans réunissent les conditions de capacité prescrites par la loi ;

5° L'indication de l'imprimerie dans laquelle le journal ou écrit périodique devra être imprimé.

Toutes les fois qu'il surviendra quelque mutation, soit dans le titre du journal ou dans les conditions de sa périodicité, soit parmi les propriétaires ou les gérans responsables, il en sera fait déclaration devant l'autorité compétente dans les quinze jours qui suivront la mutation, à la diligence des gérans responsables. En cas de négligence, ils seront punis d'une amende de cinq cents francs.

Il en sera de même, si le journal ou écrit périodique venait à être imprimé dans une autre imprimerie que celle qui a été originairement déclarée.

Dans le cas où l'entreprise aurait été formée par une seule personne, le propriétaire, s'il réunit les qualités requises par le paragraphe 2 de l'article 5, sera en même temps le gérant responsable du journal.

Dans le cas contraire, il sera tenu de présenter un gérant responsable, conformément à l'article 5.

Les journaux exceptés du cautionnement seront tenus de faire la déclaration préalable prescrite par les n°s 1, 2 et 5 du premier paragraphe du présent article.

7. Ces déclarations seront accompagnées du dépôt des pièces justificatives : elles seront signées par chacun des propriétaires du journal ou écrit périodique, ou par le fondé de pouvoir de chacun d'eux. Elles seront reçues à Paris à la direction de la librairie, et dans les départemens au secrétariat général de la préfecture.

8. Chaque numéro de l'écrit périodique sera signé en minute par le propriétaire, s'il est unique ; par l'un des gérans responsables, si l'écrit périodique est publié par une société en nom collectif ou en commandite ; et par l'un des administrateurs, s'il est publié par une société anonyme.

L'exemplaire signé pour minute sera, au moment de la publication, déposé au parquet du procureur du roi du lieu de l'impression, ou à la mairie dans les villes où il n'y a pas de tribunal de première instance, à peine de cinq cents francs d'amende contre les gérans. Il sera donné récépissé du dépôt.

La signature sera imprimée au bas de tous les exemplaires, à peine de cinq cents francs d'amende contre l'imprimeur, sans que la révocation du brevet puisse s'en suivre.

Les signataires de chaque feuille ou li-

ART. 5. — Art. 980 du code civil :

Les témoins appelés pour être présens aux testamens, devront être mâles, majeurs, sujets du roi, jouissant des droits civils.

L'art. 1er de la loi du 14 décembre 1830 exige que le gérant soit propriétaire de la totalité du cautionnement, s'il est seul ; et s'il y en a plusieurs, ils doivent être propriétaires par portions égales. — Il est modifié par la loi du 9 septembre 1835, art. 15.

ART. 6. Cet article ne rappelant la pénalité de la loi du 9 juin 1819, comme le fait l'art. 4 pour le cautionnement, il s'en suit qu'il n'y a aucune pénalité applicable. Seulement la défense est conçue en termes prohibitifs *ne pourra être publié*, qui suffisent à en assurer l'exécution.

ART. 7. — Voy. l'art. 10 ci-après.

ART. 8. — I. Remplace l'art. 5 de la loi du 9 juin 1819. — Il résulte des termes *au moment de la publication*, que le retard apporté dans la délivrance du récépissé ne peut pas empêcher le journaliste de faire sa distribution.

vraison seront responsables de son contenu et passibles de toutes les peines portées par la loi à raison de la publication des articles ou passages incriminés, sans préjudice de la poursuite contre l'auteur ou les auteurs desdits articles ou passages, comme complices. En conséquence, les poursuites judiciaires pourront être dirigées, tant contre les signataires des feuilles ou livraisons, que contre l'auteur ou les auteurs des passages incriminés, si ces auteurs peuvent être connus ou mis en cause.

9. Il est accordé aux propriétaires actuels des journaux existans, sans qu'on puisse leur opposer les dispositions de l'article 1er, un délai de six mois, à dater de la promulgation de la présente loi, pour présenter un, deux ou trois gérans responsables, réunissant les conditions requises par les articles précédens, et faire la déclaration prescrite par l'article 6.

Si ces gérans responsables ne possèdent pas en propre le quart du cautionnement, ils seront admis à justifier que, outre leur part dans l'entreprise, ils sont vrais et légitimes propriétaires d'immeubles, payant au moins cinq cents francs de contributions directes, si le journal est publié dans les départemens de la Seine, de Seine-et-Oise et de Seine-et-Marne, et cent cinquante francs dans les autres départemens. Ces immeubles devront être libres de toute hypothèque.

En ce cas, il sera fait mention expresse de cette circonstance dans la déclaration.

10. En cas de contestation sur la régularité ou la sincérité de la déclaration prescrite par l'article 6 et des pièces à l'appui, il sera statué par les tribunaux, à la diligence du préfet, sur mémoire, sommairement et sans frais, la partie ou son défenseur, et le ministère public entendus.

Si le journal n'a point encore paru, il sera sursis à la publication jusqu'au jugement à intervenir, lequel sera exécutoire nonobstant appel.

11. Si la déclaration prescrite par l'art. 6 est reconnue fausse et frauduleuse en quelqu'une de ses parties, le journal cessera de paraître. Les auteurs de la déclaration seront punis d'une amende dont le *minimum* sera d'une somme égale au dixième, et le *maximum* d'une somme égale à la moitié du cautionnement.

12. Dans le cas où un journal ou écrit périodique est établi et publié par un seul propriétaire, si ce propriétaire vient à mourir, sa veuve ou ses héritiers auront un délai de trois mois pour présenter un gérant responsable; ce gérant devra être propriétaire d'immeubles libres de toute hypothèque et payant au moins 500 fr. de contributions directes, si le journal est publié dans les départemens de la Seine, de Seine-et-Oise et de Seine-et-Marne, et 150 fr. dans les autres départemens.

Le gérant, que la veuve ou les héritiers seront admis à présenter, devra réunir les conditions requises par l'art. 980 du Code civil.

Dans les dix jours du décès, la veuve ou les héritiers seront tenus de présenter un rédacteur, qui sera responsable du journal jusqu'à ce que le gérant soit accepté.

Le cautionnement du propriétaire décédé demeurera affecté à la gestion.

13. Les condamnations pécuniaires prononcées, soit contre les signataires responsables, soit contre l'auteur ou les auteurs des passages incriminés, seront prélevées, 1° sur la portion du cautionnement appartenant en propre aux signataires responsables; 2° sur le reste du cautionnement dans le cas où celle-ci serait insuffisante, sans préjudice, pour le surplus, des règles établies par les art. 3 et 4 de la loi 9 juin 1819.

II. L'éditeur responsable d'un journal peut être poursuivi à raison de la reproduction d'un article déjà publié dans un autre journal et qui n'a été l'objet d'aucune poursuite. (Arr. C. C. 21 oct. 1831; Bull. n° 268.)

III. La loi *du* 9 *sept.* 1835, art. 16 reproduit cet art. 8.

Art. 10. — C'est la justice ordinaire, le tribunal civil.

Art. 11. — Il n'y a lieu à l'amende que si le journal a paru. (Paroles du commissaire du roi, séance du 16 juin 1828.)

Art. 12. Texte de l'art. 980. Code civil sous l'art. 5.

Art. 13. — Il résulte des articles cités : 1° que s'il y a insuffisance du cautionnement total, il y a lieu à recours solidaire sur les biens du gérant signataire du journal et des auteurs et rédacteurs des articles condamnés; 2° qu'il y a privilége sur le cautionnement pour les condamnations pécuniaires à exercer dans l'ordre suivant : les dépens, les dommages-intérêts, les amendes; — 3° que les condamnations encourues doivent être acquittées et le cautionnement libéré ou complété dans les 15 jours de la notification de l'arrêt; sous peine pour le journal de cesser de paraître.

Pour les offres réelles, Voy. la note sur l'art. 4, Loi du 9 juin 1819.

14. Les amendes, autres que celles portées par la présente loi, qui auront été encourues pour délit de publication par la voie d'un journal ou écrit périodique, ne seront jamais moindres du double du *minimum* fixé par les lois relatives à la répression des délits de la presse.

15. En cas de récidive par le même gérant, et dans les cas prévus par l'art. 68 du Code pénal, indépendamment des dispositions de l'art. 10 de la loi du 9 juin 1819, les tribunaux pourront, suivant la gravité du délit, prononcer la suspension du journal ou écrit périodique pour un temps qui ne pourra excéder deux mois, ni être moindre de dix jours. Pendant ce temps, le cautionnement continuera à demeurer en dépôt à la caisse des consignations, et il ne pourra recevoir une autre destination.

16. Dans les procès qui ont pour objet la diffamation, si les tribunaux ordonnent, aux termes de l'art. 64 de la Charte, que les débats auront lieu à huis-clos, les journaux ne pourront, à peine de 2,000 fr. d'amende, publier les faits de diffamation, ni donner l'extrait des mémoires ou écrits quelconques qui les contiendraient.

Dans toutes les affaires civiles ou criminelles où un huis-clos aura été ordonné, ils ne pourront, sous la même peine, publier que le prononcé du jugement.

17. Lorsqu'aux termes du dernier paragraphe de l'art. 23 de la loi du 17 mai 1819, les tribunaux auront, pour les faits diffamatoires étrangers à la cause, réservé, soit l'action publique, soit l'action civile des parties, les journaux ne pourront, sous la même peine, publier ces faits ni donner l'extrait des mémoires qui les contiendraient.

18. La loi du 17 mars 1822, relative à la police des journaux et écrits périodiques, est abrogée.

ORDONNANCE DU 29 JUILLET 1828

Concernant l'exécution de la loi du 18 juillet 1828, sur les journaux ou écrits périodiques.

(Charles X. — M. de Portalis.)

Art. 1er Avant toute publication d'un journal ou écrit périodique, soumis au cautionnement par les dispositions de la loi du 18 juillet 1828, il sera justifié, au procureur du roi du lieu de l'impression, du versement du cautionnement auquel ce journal ou écrit périodique est soumis, et de la déclaration prescrite par l'art. 6 de ladite loi. Le procureur du roi donnera acte sur-le-champ de cette justification et en tiendra compte.

2. Les propriétaires de journaux et écrits périodiques existans qui étaient exempts de fournir un cautionnement en vertu des dispositions de la loi du 9 juin 1819, et qui ne se trouvent point compris dans les exceptions spécifiées en l'art. 3 de la loi du 18 juillet 1828, seront tenus, dans le délai de quinze jours, à compter de la promulgation de la présente ordonnance, de déposer, à Paris, à la direction de la librairie, et dans les départemens, au secrétariat-général de la préfecture, un certificat constatant qu'ils ont fourni le cautionnement exigé par l'art. 2 de la même loi.

Ce certificat sera délivré, à Paris, par l'agent judiciaire du trésor, et dans les départemens, par le directeur de l'enregistrement, conformément aux dispositions de l'ordonnance du 9 juin 1819.

Il en sera justifié au procureur du roi du lieu de l'impression, ainsi qu'il est dit en l'art. 1er.

3. Les propriétaires des journaux et écrits périodiques qui sont exceptés du cautionnement par l'art. 3 de ladite loi, feront dans le même délai les déclarations prescrites par les numéros 1, 2 et 5 de l'art. 6.

4. A l'expiration du délai ci-dessus fixé, ceux des journaux ou écrits périodiques actuellement existans sans cautionnement, qui n'auraient pas fait les justifi-

---

Art. 14. — Modification de l'art. 10 de la loi du 9 juin 1819, qui ne changeait pas le minimum, mais qui permet d'élever l'amende jusqu'au double du maximum. — Les art. 11 et 12 de la même loi ordonnent l'insertion du jugement sous peine d'une amende de cent francs à mille fr.

Art. 15. — L'art. 10 de la loi du 9 juin 1819 permet de porter l'amende au quadruple en cas de récidive. — L'art. 58 du Code pénal et l'échelle des peines en récidive se trouvent sous l'article 25 de la loi du 17 mai 1819. — Voy. l'art. 12 de la loi du 9 septembre 1835.

Art. 16 et 17. — Voy. l'art. 10, Loi du 9 *septembre* 1835.

Ordonnance du 28 juillet 1828.

Art. 2. — Cet article et les suivans, qui ne sont que transitoires, prouvent que l'administration s'en réfère à l'ordonnance du 9 juin 1819 ainsi que je l'ai avancé sous l'art. 2 de

cations et déclarations prescrites, cesseront de paraître.

5. Notre garde-des-sceaux, ministre secrétaire d'état au département de la justice, et nos ministres secrétaires d'état aux départemens de l'intérieur et des finances, sont chargés, chacun en ce qui les concerne, de l'exécution de la présente ordonnance.

—

ORDONNANCE DU 13 SEPTEMBRE 1829.

Suppression des inspecteurs de la librairie.

Art. 1er. Les quatre inspecteurs de la librairie, actuellement existant à Paris, sont supprimés.

2. Les commissaires de police, dans toute l'étendue du royaume, demeurent investis des attributions légales que les inspecteurs de la librairie avaient reçu de l'art. 45 du décret du 5 février 1810, de l'art. 20 de la loi du 21 octobre 1814, de l'art. 7 de l'ordonnance du roi du 24 octobre même année.

—

ORDONNANCE DU 25 JUILLET 1830,

Qui suspend la liberté de la presse périodique et semi-périodique.

(Charles X. — M. de Polignac.)

« Art. 1er. La liberté de la presse périodique est suspendue.

» 2. Les dispositions des articles 1, 2 » et 9 du titre Ier de la loi du 21 octobre 1814 sont remises en vigueur.

» En conséquence, nul journal et écrit » périodique, établi ou à établir, sans » distinction des matières qui y seront » traitées, ne pourra paraître, soit à Paris, soit dans les départemens, qu'en » vertu de l'autorisation qu'en auront obtenue de nous séparément les auteurs et » l'imprimeur.

» Cette autorisation devra être renouvelée tous les trois mois.

» Elle pourra être révoquée.

» 3. L'autorisation pourra être provisoirement accordée et provisoirement » retirée par les préfets, aux journaux et » ouvrages périodiques ou semi-périodiques publiés ou à publier dans les départemens.

» 4. Les journaux et écrits publiés en » contravention à l'art. 2 seront immédiatement saisis.

» Les presses et caractères qui auront » servi à leur impression seront placés » dans un dépôt public et sous scellés, ou » mis hors de service.

» 5 Nul écrit au-dessous de vingt feuilles d'impression ne pourra paraître » qu'avec l'autorisation de notre ministre » secrétaire d'état de l'intérieur, à Paris, » et des préfets dans les départemens.

» Tout écrit de plus de vingt feuilles » d'impression qui ne constituera pas un » même corps d'ouvrage sera également » soumis à la nécessité de l'autorisation.

» Les écrits publiés sans autorisation » seront immédiatement saisis.

» Les presses et caractères qui auront » servi à leur impression seront placés » dans un dépôt public et sous scellés et » mis hors de service.

» 6. Les mémoires sur procès et les » mémoires des sociétés savantes ou littéraires sont soumis à l'autorisation préalable, s'ils traitent en tout ou en partie » de matières politiques, cas auquel les » mesures prescrites par l'art. 5 leur seront applicables.

» 7 Toute disposition contraire aux » présentes restera sans effet.

» 8 L'exécution de la présente ordonnance aura lieu en conformité de l'arti-

---

la loi du 18 juillet 1828. — Ils confirment ce qui est dit en note de l'art. 6 de la même loi, qu'il n'y a d'autre pénalité pour le défaut de déclaration, que l'interdiction de paraître.

Ordonnances du 25 juillet 1830.

I. Nous donnons le texte de cette ordonnance et de la suivante, quoiqu'une révolution en ait immédiatement empêché l'exécution. Un recueil de lois sur la presse ne serait pas complet, s'il manquait de ce document historique.

II. Cette ordonnance, promulguée le 25, était contresignée par les ministres dont les noms suivent :

Le président du conseil des ministres, Prince de Polignac. — *Le garde des sceaux ministre secrétaire d'Etat de la justice,* Chantelauze. — *Le ministre secrétaire d'Etat de la marine et des colonies,* Baron d'Haussez. — *Le ministre secrétaire d'Etat des finances,* Montbel. — *Le ministre de l'intérieur,* Comte de Peyronnet. — *Le ministre secrétaire d'Etat des affaires ecclésiastiques et de l'instruction publique,* Comte de Guernon-Ranville. — *Le ministre secrétaire d'Etat des travaux publics,* Baron Capelle.

Celle du 26 était signée : Mangin, préfet de police.

» cle 4 de l'ordonnance du 27 novembre » 1816, et de ce qui est prescrit par celle » du 18 janvier 1817.

» 9. Nos ministres secrétaires d'état » sont chargés de l'exécution des pré- » sentes.

ORDONNANCE DE POLICE DU 26 JUILLET 1830.

Sur les écrits imprimés.

« Nous, conseiller d'état, préfet de po- » lice.

» Vu l'ordonnance du roi en date du » 25 de ce mois, qui remet en vigueur les » art. 1 et 2 9 de la loi du 21 octobre » 1814;

» Les art. 283 et suivans du Code pé- » nal, qui punissent de peines correc- » tionnelles toute publication ou distri- » bution d'écrits, dans lesquels on ne » trouvera pas l'indication vraie des » noms, profession et demeure de l'au- » teur ou de l'imprimeur;

» Le articles 46 et 50 de la loi du 24 » décembre 1789, et le n° 3 de l'art. 3, titre » XI de la loi du 24 août 1790, qui char- » gent l'autorité municipale de faire des » réglemens pour le maintien du bon or- » dre dans les lieux publics;

» Avons ordonné et ordonnons ce qui » suit :

» Art. 1er. Tout individu qui distribue- » ra des écrits imprimés dans lesquels ne » se trouvera pas l'indication vraie des » noms, profession et demeure de l'auteur » ou de l'imprimeur, ou qui donnera à » lire au public les mêmes écrits, sera im- » médiatement conduit devant le commis- » saire de police du quartier, et les écrits » seront saisis.

» 2. Tout individu tenant cabinet de » lecture, café, etc., qui y donnera à lire » des journaux ou autres écrits imprimés » en contravention à l'ordonnance du roi » du 25 de ce mois sur la presse, sera » poursuivi comme complice des délits » que ces journaux ou écrits pourraient » constituer, et son établissement sera » provisoirement fermé.

» 3 La présente ordonnance sera im- » primée, publiée et affichée.

» 4. Le commissaire chef de la police » municipale, les commissaires de police, » les officiers de paix et les préposés sous » leurs ordres sont chargés de tenir la » main à son exécution.

» Elle sera adressée à M. le colonel de » la ville de Paris, commandant la gen- » darmerie royale, pour en assurer l'exé- » cution en ce qui le concerne. »

LOI DU 8 OCTOBRE 1830.

Sur l'application du jury aux délits de la presse et aux délits politiques.

(Louis-Philippe. — M. Dupont-de-l'Eure.)

ART. 1er La connaissance de (tous) les délits commis, soit par la voie de la presse, soit par tous les autres moyens de publication énoncés en l'article 1er de la loi du 17 mai 1819, est attribuée aux cours d'assises.

2. Sont exceptés, les cas prévus par l'article 14 de la loi du 26 mai 1819.

Loi du 8 octobre 1830.

Cette loi a été rendue sur la proposition faite à la chambre des pairs par le comte Siméon, en vertu du droit d'initiative qui appartient aux chambres.

Proposition de M. Siméon 1er septembre 1830; — Nomination de la commission 7 septembre; — Rapport (M. Siméon), 10 septembre; — Discussion et renvoi à la commission pour nouvel examen, 13; — Second rapport 17; — Discussion et adoption 18 septembre.

Nomination de la commission à la chambre des députés, 28 septembre; — Rapport (M. de Martignac), 1er octobre; — Discussion et adoption le 4 octobre; — Envoi à la chambre des pairs, pour un amendement le 5; — Rapport et adoption par cette chambree le 7. Sanction le 8; — Promulgation le même jour.

ART. 1er. — I. C'était la loi du 26 mai 1819 qui avait conféré au jury le jugement des délits de la presse; la loi du 25 mars 1822 le lui avait enlevé pour le donner aux tribunaux correctionnels. La présente loi est l'exécution du 1er paragraphe de l'art. 69 de la Charte révisée en août 1830.

Les délits prévus par les art. 1, 4, 5 de la loi du 10 décembre suivant sur l'affichage et sur la vente de faux extraits de journaux, sont également du ressort de la cour d'assises. (Art. 6 de la loi du 10 décembre.)

Lois de 1835. — Elles modifient gravement cet article, en attribuant la connaissance de certains délits à la *cour des pairs*.

ART 2. — I. Ce sont les délits de la diffamation *verbale* ou d'injure *verbale* contre toute personne, et ceux de diffamation et d'injure *par une voie de publication quelconque contre des particuliers*. — C'est la reproduction de la disposition de la loi du 26 mai.

II. L'art. 181 du Code d'instruct. crim. qui donne aux cours et tribunaux le droit de juger et de punir les délits commis dans l'enceinte et pendant la durée de leurs audiences n'a pas été abrogé par la loi du 8 oct. 1830, (Arr. C.C. 27 février 1832; Bull. n° 79.)

III. En matière de délits déférés au jury les ordonnances de mise en prévention ne peu-

3. Sont pareillement exceptés les cas où les chambres, cours et tribunaux, jugeraient à propos d'user des droits qui leur sont attribués par les articles 15 et 16 de la loi du 25 mars 1822.

4. La poursuite des délits mentionnés en l'article 1er de la présente loi aura lieu d'office et à la requête du ministère public, en se conformant aux dispositions des lois des 26 mai et 9 juin 1819.

5. Les articles 12, 17 et 18 de la loi du 25 mars 1822 sont abrogés.

6. La connaissance des délits politiques est pareillement attribuée (aux cours d'assises.)

7. Sont réputés politiques les délits prévus,

1° Par les chapitres I et II du titre Ier du livre III du Code pénal;

2° Par les paragraphes 2 et 4 de la section III et par la section VII du chapitre III des mêmes livres et titres;

3° Par l'article 9 de la loi du 25 mars 1822.

---

vent acquérir l'autorité de la chose jugée, et les chambres d'accusatation sont investies du droit de les réformer pour insuffisance dans la qualification des délits. (Arr. du 16 août 1832; C. C. rejet; Bull. n° 306.)

IV. La loi du 8 avril 1831 n'a rien changé aux règles de compétence établies par l'art. 2 de la loi du 8 oct. 1830, et, par conséquent au droit conservé par cet article, aux tribunaux correctionnels, de connaître des diffamations envers de simples particuliers. (Arr. du 25 oct. 1831;—C. C. Rejet;—Bull. n°259.)

Art. 3. — Ce sont les cas d'offense et d'infidélité de compte-rendu que les chambres ou tribunaux attaqués jugent eux-mêmes.

Art. 4. — Voy. ci-dessus ces deux lois annotées.

Art. 5. — Ces trois articles abrogés contiennent la *censure* des gravures, la juridiction *correctionnelle*, l'exclusion de la *preuve* des faits en matière de diffamation. — Voy. les notes sur les art. 13 et 20 de la loi du 26 mai 1819.

Art. 6. — L'article suivant, en définissant les *délits politiques*, indique que celui-ci est limitatif.

Lois de 1835. — Elles transportent la connaissance de certains délits à la *cour des pairs*.

Art. 7. — I. Quoique le code pénal ait été révisé depuis la loi de 1830, la désignation générale faite par l'art. 7, suffit pour faire comprendre que c'est aux crimes prévus par ce code avec toutes les modifications qu'il peut subir, qu'il faut appliquer l'art. 7.

II. Le n° 1 indique les articles 75 à 131 du code pénal: les délits qu'il comprend sont:

Le port d'armes contre la France; — Les machinations, manœuvres, intelligences, correspondances avec les ennemis de l'état; — La trahison des fonctionnaires au profit de l'ennemi; — L'espionnage en guerre; — Les hostilités intempestives contre l'ennemi, qui exposent l'état à une guerre. (75 à 85.)

Les attentats et complots dirigés contre le roi et sa famille (86 à 90), actuellement jugés par la cour des pairs dans quelques cas. (Loi du 9 septembre 1835.)

Les attentats et complots tendant à troubler l'état par la guerre civile; — L'emploi illégal de la force armée; — La dévastation et le pillage des propriétés de l'état, soit en bande, soit individuellement; — Les réunions séditieuses. (Art. 91 à 108.)

Le trouble apporté à l'exercice des droits civiques; — La falsification des scrutins; — L'achat ou la vente des suffrages. (Art. 109 à 115.)

Les attentats à la liberté individuelle par les fonctionnaires et agens de l'autorité publique, depuis les ministres jusqu'aux geoliers. (Art. 114 à 122.)

Les coalisations des fonctionnaires. (Art. 123 à 126.)

Les empiétemens des autorités administratives et judiciaires. (127 à 131.)

Le n° 2 indique les art. 201, 202, 203, 207, 208, et 291 à 294. Les délits qu'il comprend sont:

Les critiques, censures, ou provocations dirigées publiquement contre l'autorité publique dans les écrits ou les discours pastoraux des ministres des cultes. (201 à 203.)

La correspondance des ministres des cultes avec les puissances étrangères, sur des matières de religion, (207 et 208.)

Les associations ou réunions illicites. (Art. 291 à 294.)

III. Quant aux *associations et réunions illicites*, la loi d'octobre 1830 a été modifiée par la loi du 10 avril 1834, et l'art. 293 est le seul qui soit resté dans la compétence du jury.

La lecture des textes suffira pour faire comprendre les modifications apportées par la dernière de ces lois:

Articles du Code pénal.

Art. 291. Nulle association de plus de vingt personnes, dont le but sera de se réunir tous les jours ou à certains jours marqués pour s'occuper d'objets religieux, littéraires, politiques ou autres, ne pourra se former qu'avec l'agrément du gouvernement, et sous les conditions qu'il plaira à l'autorité publique d'imposer à la société.

Dans le nombre de personnes indiquées par le présent article, ne sont pas comprises celles domiciliées dans la maison où l'association se réunit.

Art. 292. Toute association de la nature ci-dessus exprimée qui se sera formée sans autorisation, ou

8. Les délits mentionnés dans la présente loi qui ne seraient pas encore jugés, le seront suivant les formes qu'elle prescrit.

LOI DU 29 NOVEMBRE 1830,

Qui punit les attaques contre les droits et l'autorité du roi et celle des chambres, commises par la voie de la presse.

(Louis-Philippe. — M. Dupont-de-l'Eure.)

Art. 1er Toute attaque, par l'un des moyens énoncés en l'art. 1er de la loi du 17 mai 1819, contre la dignité royale, l'ordre de susceptibilité au trône, les droits que le roi tient du vœu de la nation française, exprimé dans la déclara-

---

qui, après l'avoir obtenue, aura enfreint les conditions à elle imposées, sera dissoute.

Les chefs, directeurs ou administrateurs de l'association seront en outre punis d'ue amende de 16 fr. à 200 fr.

Art. 294. Si, par discours, exhortations, invocations ou prières, en quelque langue que ce soit, ou par lecture, affiche, publication ou distribution d'écrits quelconques, il a été fait, dans ces assemblées, quelque provocation à des crimes ou à des délits, la peine sera de 100 fr. à 500 fr. d'amende, et de trois mois à deux ans d'emprisonnement, contre les chefs, directeurs et administrateurs de ces associations; sans préjudice des peines plus fortes qui seraient portées par la loi contre les individus personnellement coupables de la provocation, lesquels, en aucun cas, ne pourront être punis d'une peine moindre que celle infligée aux chefs, directeurs et administrateurs de l'association.

Art. 294. Tout individu qui, sans la permission de l'autorité municipale, aura accordé ou consenti l'usage de sa maison ou de son appartement, en tout ou en partie, pour la réunion des membres d'une association même autorisée, ou pour l'exercice d'un culte, sera puni d'une amende de 16 fr. à 200 fr.

Loi du 10 avril 1834.

Art 1er. Les dispositions de l'art. 291 du Code pénal sont applicables aux associations de plus de vingt personnes, alors même que ces associations seraient partagées en sections d'une nombre moindre, et qu'elles ne se réuniraient pas tous les jours ou à des jours marqués.

L'autorisation donnée par le gouvernement est toujours révocable.

Art. 2. Quiconque fait partie d'une association non autorisée, sera puni de deux mois à un an d'emprisonnement, et de 50 fr. à 1000 fr. d'amende.

En cas de récidive, les peines pourront être portées au double.

Le condamné pourra, dans ce dernier cas, être placé sous la surveillance de la haute police pendant un temps qui n'excédera pas le double du maximum de la peine.

L'art. 463 du Code pénal pourra être appliqué dans tous les cas.

Art. 3. Seront considérés comme complices et punis comme tels, ceux qui auront prêté ou loué sciemment leur maison ou appartement pour une ou plusieurs réunions d'une association non autorisée.

Art. 4. Les attentats contre la sûreté de l'état, commis par les associations ci-dessus mentionnées, pourront être déférés à la juridiction de la chambre des pairs, conformément à l'art. 28 de la Charte constitutionnelle.

Les délits politiques commis par lesdites associations seront déférés au jury, conformément à l'art. 69 de la Charte constitutionnelle.

Les infractions à la présente loi et à l'art. 291 du Code pénal seront déférées aux tribunaux correctionnels.

Art. Les dispositions du Code pénal auxquelles il n'est pas dérogé par la présente loi continueront de recevoir leur exécution.

IV. Quand à l'article 9 de la loi du 25 mars 1822, il est relatif à l'usage des signes et symboles séditieux.

V. La proposition non agréée de former un complot dont le but aurait été, soit de changer le gouvernement ou l'ordre de successibilité au trône, soit d'exciter les citoyens à s'armer contre l'autorité royale, constitue un délit politique de la compétence des cours d'assises. (Arr. du 28 septembre 1832. — C. C. réglement de juges. — Bull. n° 376, et du 3 novembre 1832. — C. C. réglement de juges. — Bull. n° 435.)

On ne peut considérer comme délit politique, le fait d'avoir illégalement pris le grade de capitaine et d'avoir porté illégalement la décoration de la légion d'honneur. (Arr. C. C., 6 janvier 1831; Bull. n° 3.)

La provocation, par des cris proférés dans un lieu public, au renversement d'une administration publique, constitue un délit politique. (Arr. du 7 avril 1831. — C. C. réglement de juges. — Bull. n° 75.)

Les délits politiques et les délits de la presse commis par des magistrats sont de la compétence de la cour d'assises: les art. 479 et 483 du code d'instruction criminelle sont en ce cas inapplicables. (Arr. du 14 avril 1831. — C. C. Rejet. — Bull. n° 80.)

Les délits de la presse commis envers des particuliers sont de la compétence des tribunaux correctionnels. (Même arrêt.)

Des discours ou cris séditieux proférés dans un lieu public sont de la compétence de la cour d'assises. (Arr. du 26 mars 1831. — C. C. Réglement de juges. — Bull. n° 64.)

Le fait d'expulsion, avec outrages et voies de fait, d'un adjoint au maire, de la salle de la mairie où il venait présider les élections municipales, constitue deux délits connexes, dont le premier rangé dans la classe des délits politiques, entraîne pour les deux la compétence de la cour d'assises. (Arr. du 3 mai 1832. — C. C. réglement de juges. — Bull. n° 152.)

Loi du 29 novembre 1830.

Voy. les notes sur l'art. 2 de la loi du 25 mars 1822, et l'art. 4 de celle du 17 mai 1819.

Présentation à la chambre des pairs le 5

tion du 7 août 1830, et de la Charte constitutionnelle par lui acceptée et jurée dans la séance du 9 août de la même année, son autorité constitutionnelle, l'inviolabilité de sa personne, les droits et l'autorité des chambres, sera punie (d'un emprisonnement de trois mois à cinq ans, et d'une amende de 300 fr. à 6,000 fr.)

2. L'art. 2 de la loi du 25 mars 1822 est et demeure abrogé.

LOI DU 10 DÉCEMBRE 1830

Sur les afficheurs et les crieurs publics

[Louis-Philippe. — M. Dupont de l'Euré.]

ART. Ier. Aucun écrit, soit à la main, soit imprimé, gravé ou lithographié, contenant des nouvelles politiques ou traitant d'objets politiques, ne pourra être affiché ou placardé dans les rues, places ou autres lieux publics.

Sont exceptés de la présente disposition les actes de l'autorité publique.

2. Quiconque voudra exercer, même temporairement, la profession d'afficheur « ou crieur, de vendeur ou distributeur, » sur la voie publique d'écrits imprimés, lithographiés ou gravés à la main, sera tenu d'en faire préalablement la déclaration devant l'autorité municipale et d'indiquer son domicile.

« Le crieur ou » afficheur devra renouveler cette déclaration chaque fois qu'il changera de domicile.

3. Les journaux, feuilles quotidiennes ou périodiques, les jugemens et autres ac-

---

octobre. Rapport (M. Malleville), le 12. — Discussion et adoption le 14 octobre.

Présentation à la chambre des députés, le 13 novem. — Rapport. (M. Isambert) le 23. — Discussion et adoption le 25 novembre.

Sanction le 29 novembre. — Promulgation le même jour.

Art. 1. — L'attaque contre les droits que le roi tient du vœu de la nation française ne constitue un délit qu'autant que les discours ont été *proférés publiquement* et *dans les lieux ou réunions publics*. En conséquence, il n'y a ni crime ni délit, lorsque le jury a seulement répondu que les propos ont été proférés dans une *auberge*, sans constater qu'ils l'ont été *publiquement*. (ARR. C. C. 11 juin 1831. — Bull. crim. n° 131.)

Proclamer par la voie de la presse le retour et le règne d'un membre de la branche aînée des Bourbons: c'est se rendre coupable d'attaque contre l'ordre de successibilité au trône et les droits que le roi tient du vœu de la nation française. (Arr. C. C. 5 août 1831. — Bull, n° 176.)

I. Dénier formellement, dans un article de journal, que l'élévation du roi au trône ait été dans le vœu de la nation française exprimé dans la déclaration du 7 août 1830, déclarer que cet acte n'a été que l'œuvre d'une coterie, c'est commettre le double délit d'attaque contre les droits que le roi tient du vœu de la nation, et d'excitation à la haine et au mépris de son gouvernement. (Arr. C.C. 21 octobre 1831. — Bull., n° 268.)

Lois de 1835. — La pénalité est augmentée d'une manière exorbitante pour certains cas par la loi du 9 septembre 1835.

Loi du 10 *décembre* 1830.

Présentation à la chambre des députés le 24 novembre. — Rapport (M. Barthe), le 2 décembre. — Discussion et — Adoption le 3 décembre. — Présentation à la chambre des pairs, le 4. — Rapport (M. Malleville), le 7. — Discussion et Adoption le 8 décembre. — Sanction le 10 décembre. — Promulgation le même jour.

ART. 1er — I. Les annonces relatives aux matières *non politiques* sont parfaitement libres. — Il résulte, au reste, du rapport fait à la chambre des pairs que la dénomination de *politique* s'applique *incontestablement* à l'affiche de toute *annonce* ou *brochure*, qui contiendrait quelques extraits ayant rapport à la politique.

II. Ceux qui font imprimer et apposer ou ceux qui apposent des affiches, ne doivent pas oublier qu'aux termes de la loi du 22-28 juillet 1791 « les affiches des actes émanés de l'autorité publique seront seules imprimées sur « papier blanc ordinaire; et celles faites par « des particuliers ne pourront l'être que sur « papier de couleur, sous peine de l'amende « ordinaire de police municipale; » que cette loi de 1791 a été confirmée par l'art. 65 de celle du 28 avril 1816; et que l'art. 77 de la loi du 25 mars 1817 punit la contravention de cent francs d'amende à la charge de l'imprimeur.

ART. 2. — I. Abrogé, en ce qui concerne les vendeurs et distributeurs ou crieurs, par la loi du 16 février 1834 qui les soumet à une autorisation. — Voy. la note II. sur l'art. 3.

II. La loi n'impose aux afficheurs qu'une simple déclaration préalable, ce qui n'est pas une grande gêne. Quant aux particuliers qui, sans faire la profession d'afficheur, pourraient cependant apposer des affiches pour la vente d'un bois, la location d'une ferme, etc., la pensée de la commission n'est pas de les assujettir aux conditions déterminées pour les afficheurs. (Séance du 3 décembre 1830.)

ART. 3. — I. Cet article reproduit les dis-

tes d'une autorité constituée, ne pourront être annoncés dans les rues, places et autres lieux publics, autrement que par leur titre.

Aucun autre écrit imprimé, lithographié, gravé ou à la main, ne pourra être crié sur la voie publique qu'après que le crieur ou distributeur aura fait connaître à l'autorité municipale le titre sous lequel il veut l'annoncer, et qu'après avoir remis à cette autorité un exemplaire de cet écrit.

4. La vente ou distribution de faux extraits de journaux, jugemens et actes de l'autorité publique, est défendue, et sera punie des peines ci-après.

5. L'infraction aux dispositions des articles 1er et 4 de la présente loi sera punie d'une amende de vingt-cinq à cinq cents francs, et d'un emprisonnement de six jours à un mois, cumulativement ou séparément.

L'auteur ou l'imprimeur des faux extraits défendus par l'article ci-dessus sera puni du double de la peine infligée au crieur, vendeur ou distributeur de faux extraits.

Les peines prononcées par le présent article seront appliquées sans préjudice des autres peines qui pourraient être encourues par suite des crimes et délits résultant de la nature même de l'écrit.

6. La connaissance des délits punis par le précédent article est attribuée aux cours d'assises. Ces délits seront poursuivis conformément aux dispositions de l'art. 4 de la loi du 8 octobre 1830.

7. Toute infraction aux articles 2 et 3 de la présente loi sera punie, par la voie ordinaire de police correctionnelle, d'une amende de vingt-cinq à deux cents francs, et d'un emprisonnement de six jours à un mois, cumulativement ou séparément.

8. Dans les cas prévus par la présente loi, les cours d'assises et les tribunaux correctionnels pourront appliquer l'article 463 du code pénal, si les circonstances leur paraissent atténuantes, et si le préjudice causé n'excède pas vingt-cinq francs.

9. La loi du 5 nivôse an V, relative aux crieurs publics, et l'article 290 du Code pénal, sont abrogés.

---

positions des deux premiers articles de la loi du 5 nivose an V. — La pénalité est fixée par l'art. 7.

II. Le 2e § de l'art. 3 ne prescrivant autre chose que la déclaration préalable du titre et la remise d'un exemplaire, le crieur satisfaisait à la loi, en remplissant ces deux conditions, et il n'avait plus autre chose à faire que d'en justifier, le cas échéant. Ainsi l'autorité n'aurait pu légalement lui imposer l'obligation en prendre un *visa* et de s'abstenir de publier tant qu'il ne l'aurait pas obtenu. C'est ce que la cour de cassation a reconnu par son arrêt de rejet du 22 novembre 1833, dans l'affaire de Délente, crieur public. (Bull. p. 592, Sirey, 1833-1-846; Dalloz, 1834-1-9.) Mais aujourd'hui que les crieurs sont soumis à l'autorité de la police municipale, par la loi du 16 février 1834, la police pouvant mettre des conditions à l'autorisation qu'elle accorde, il est incontestable que par le fait elle a les moyens d'assujettir les crieurs à la formalité du visa, sous peine pour eux de se voir privés de leur permission.

ART. 4. — Il est évident que cet article punit le faux *intentionnel* et non pas la simple erreur.

ART. 5. — Il a été convenu que l'auteur ne devait être punissable qu'autant qu'il serait *convaincu* d'avoir destiné son écrit à la publicité. (Séance du 3 décembre 1830.)

ART. 6. — C'est à-dire devant le *jury*. (Arr. C. C. 18 août 1831; Bull. n° 185.)

ART. 8. — I. L'art. 463, modifié depuis la loi de 1830 par la loi du 28 avril 1832, est néanmoins applicable. (Lois sur la presse par M. Parant, p. 188.)

II. C'est à la *cour d'assises* et non au jury qu'appartient dans ce cas la déclaration des *circonstances atténuantes* qui motive l'application de l'art. 463. (Arrêt de cassation du 15 février et du 24 juillet 1831; Bull. p. 64 et Sirey, 44-1-122.) — D'ailleurs la déclaration faite par le jury serait sans but, puisqu'il ne s'agit pas de *crimes*, mais de *délits* pour lesquels l'abaissement de la peine est facultatif et non pas forcé. — Voy. l'art. 463 en note page 61.

ART. 6. — La loi du 5 nivose an V se composait de trois articles, dont les deux premiers, se trouvent reproduits, *quant au fond des choses*, par le 1er paragraphe de l'art. 3 de la présente loi. Le dernier infligeait aux contrevenants un emprisonnement de deux mois, et de six mois en cas de récidive.

L'article 290 du Code pénal soumettait le métier d'afficheur ou de crieur *à une autorisation de la police*; l'article 2 de la présente loi ne les a plus assujettis qu'à une déclaration préalable; mais la loi du 16 février 1834 a fait revivre le principe de l'art 290, dont elle a étendu et aggravé les dispositions.

LOI DU 14 DÉCEMBRE 1830

Sur le cautionnement, le droit de timbre et le port des journaux ou écrits périodiques.

[Louis-Philippe. — M. Dupont-de-l'Eure.]

(Art. 1er. Si un journal ou écrit périodique paraît plus de deux fois par semaine, soit à jour fixe, soit par livraison et *régulièrement*, le cautionnement sera de 2,400 fr. de rente.)

(Le cautionnement sera égal aux trois quarts du taux fixé, si le journal ou écrit périodique ne paraît que deux fois par semaine.)

(Il sera égal à la moitié, si le journal ou écrit périodique ne paraît qu'une fois par semaine.)

(Il sera égal au quart, si le journal ou écrit périodique paraît seulement plus d'une fois par mois.)

(Le cautionnement des journaux quotidiens publiés dans les départemens autres que ceux de la Seine et de Seine-et-Oise sera de 800 fr. de rente dans les villes de cinquante mille âmes et au-dessus, de 500 fr. de rente dans les autres villes, et respectivement de la moitié de ces deux rentes pour les journaux ou écrits périodiques qui paraissent à des termes moins rapprochés.)

(Le gérant responsable du journal devra posséder en son propre et privé nom la totalité du cautionnement.)

(S'il y a plusieurs gérans responsables, ils devront posséder en leur propre et privé nom, et par portions égales, la totalité du cautionnement.)

Il est accordé aux gérans responsables des journaux qui auront déposé leur cautionnement à l'époque où la présente loi sera promulguée, un délai de six mois pour se conformer à ses dispositions.

La partie du cautionnement déjà fournie qui excède le taux ci-dessus fixé, sera remboursée.

2. Le droit de timbre fixe ou de dimension sur les journaux ou écrits périodiques sera de six centimes pour chaque feuille de trente décimètres carrés et au-dessus, et de trois centimes pour chaque demi-feuille de quinze décimètres carrés et au-dessous.

Tout journal ou écrit périodique imprimé sur une demi-feuille de plus de quinze décimètres et de moins de trente décimètres carrés, paiera un centime en sus pour chaque cinq décimètres carrés.

Il ne sera perçu aucune augmentation de droit pour fraction au-dessous de cinq décimètres carrés.

Il ne sera perçu aucun droit pour un supplément qui n'excédera pas trente décimètres carrés, publié par les journaux imprimés sur une feuille de trente décimètres carrés et au-dessus.

La loi du 13 vendémiaire an VI et l'art. 89 de la loi du 15 mai 1818 sont et demeurent abrogés.

La loi du 6 prairial an VII est abrogée en ce qui concerne le droit de timbre sur les journaux ou feuilles périodiques.

3 Le droit de cinq centimes fixé par l'art. 8 de la loi du 15 mars 1827 pour le port sur les journaux et autres feuilles transportés hors des limites du département dans lequel ils sont publiés, sera réduit à quatre centimes.

Les mêmes feuilles ne paieront que deux centimes toutes les fois qu'elles seront destinées pour l'intérieur du département où elles auront été publiées.

4. Les journaux imprimés en langues étrangères et ceux venant des pays d'outre-mer seront taxés au *maximum* du tarif établi pour les journaux français.

Loi du 14 décembre 1830.

Proposition à la chambre des députés par M. Bavoux, le 17 septembre; développement le 23; — nominatination de la commission le 23; — Rapport (M. André du Haut-Rhin) le 6 octobre; — discussion du 6 au 10 novembre; — adoption le 10 novembre.

Communication à la chambre des pairs le 13 novembre; — nomination de la commission le 18 novembre; rapport le 3 décembre; — discussion le 7; — adoption le 8 décem.

Sanction le 14 décembre; — promulgation le 16.

Art. 1er. — Le mot *régulièrement* a été inséré par erreur dans la loi votée par la chambre des pairs, et dans le texte authentique, au lieu du mot *irrégulièrement*.

Dans ces circonstances, la cour de cassation avait jugé que : un écrit périodique qui ne paraît que par livraisons et irrégulièrement n'est pas soumis au cautionnement. (Arr. C. C. 11 mars 1831; Sirey, 31-1-148; Dalloz, 1831-1-131.)

Et le 8 avril 1831 fut rendue une loi rectificative qui substitua le mot *irrégulièrement* au mot *régulièrement*.

Lois de 1835. — Le cautionnement est doublé; les conditions de propriété des gérants modifiées par la loi du 9 septembre 1835. — Le droit de timbre et de port reste ce qu'il était.

Art. 2. — La loi de l'an VI fixait des droits plus élevés.

LOI DU 8 AVRIL 1831.

Sur la procédure en matière de délits de la presse, d'affichage et criage publics.

[Louis-Philippe. — M. Barthe.]

ART. 1er. Le ministère public aura la faculté de saisir les cours d'assises de la connaissance des délits commis par la voie de la presse, ou par les autres moyens de publication énoncés en l'art. 1er de la loi du 17 mai 1819, en vertu de citation donnée directement au prévenu.

La même faculté existera au cas de poursuites contre les afficheurs et crieurs publics, en exécution des art. 5 et 6 de la loi du 10 décembre 1830.

2. Le ministère public adressera son réquisitoire au président de la cour d'assises pour obtenir indication du jour auquel le prévenu sera sommé de comparaître.

Il sera tenu d'articuler et de qualifier les provocations, offenses, outrages, faits diffamatoires ou injures, à raison desquels la poursuite est intentée, et ce, à peine de nullité de la poursuite. Le président fixera le jour de la comparution devant la cour d'assises, et commettre l'huissier qui sera chargé de la notification.

La notification du réquisitoire et de l'ordonnance du président sera faite au prévenu dix jours au moins avec celui de la comparution, outre un jour par cinq myriamètres de distance.

Si le prévenu ne comparaît pas au jour fixé, il sera jugé par défaut : la cour statuera sans assistance ni intervention de jurés, tant sur l'action publique que sur l'action civile.

3. Le prévenu pourra former opposition à l'arrêt par défaut dans les cinq jours de la notification qui en aura été faite à sa personne ou à son domicile, outre un jour par cinq myriamètres de distance, à charge de notifier son opposition tant au ministère public qu'à la partie civile.

Le prévenu supportera sans recours les

L'article 89 de la loi du 15 mai 1818 imposait un droit d'un centime et demi par feuille sur les journaux imprimés à Paris, et d'un demi-centime sur ceux imprimés dans les départemens, indépendamment du droit de timbre.

Enfin l'art. 3 de la loi du 6 prairial an VI; imposait aux feuilles de supplément jointes aux journaux, le même droit de timbre qu'aux journaux mêmes.

Loi du 8 *avril* 1831.

Présentation à la chambre des députés le 1er avril; — rapport, discussion, adoption, le 2 avril.

Présentation à la chambre des pairs, discussion et adoption le 5 avril.

Sanction le 8; — promulgation le même jour.

—Cette loi a eu pour but, ainsi que l'attestent l'exposé des motifs et le rapport qui ont précédé la discussion, de re dre plus prompte l'expédition des affaires, et cela tout à la fois dans l'intérêt de la société et dans l'intérêt du prévenu.

Le droit de poursuivre devant la cour d'assises, par citation directe, appartient au ministère public seul, et non à la partie plaignante.

Ce droit cesse dans le cas de saisie d'un écrit; l'intérêt de l'auteur et du propriétaire de l'écrit étant qu'il soit statué sur la validité de la saisie, dans le plus bref délai possible, il y avait pour cela nécessité de s'en référer aux formalités prescrites par la loi du 26 mai 1819, qui impose aux tribunaux des formes préliminaires aussi expéditives que possible.

Ce fut, lors de la discussion du projet de loi, une grande question que celle de savoir de quelle manière le jugement serait rendu, s'il faudrait une décision du jury. C'est en connaissance de cause que les législateurs se sont prononcés pour le système du jugement sans l'assistance des jurés.

Lois de 1835. — Les réflexions qui précèdent perdent leur valeur, aujourd'hui que le ministère public peut, même en cas de saisie, poursuivre directement, et se constituer accusateur public.

ART. 1. — I. Cette disposition n'est applicable, ainsi que le titre de la loi l'indique suffisamment, qu'aux délits de la presse et autres délits réprimés par les lois spéciales.

Quant aux *délits politiques*, qualifiés tels et déférés au jury par la loi du 8 octobre 1830, la poursuite n'en peut avoir lieu que par v ie d'information préalable; le ministère public n'a pas le droit de saisir la cour d'assises par citation directe.

Cette distinction entre les délits politiques et ceux dont il s'agit en l'art. 1er ci-dessus, a été nettement établie dans la discussion devant la chambre des pairs, séance du 29 mars 1831 (Moniteur, p. 652), et il a été bien expliqué que la présente loi n'avait pour objet que les délits énoncés en l'art. 1er.

II. Cette loi n'a pas dérogé à l'art. 395 du code d'instruction criminelle sur la nécessité de la notification préalable de la liste des jurés au prévenu ou accusé. (Arrêt du 20 juillet 1832.— C. C. Rejet.—Bull. p. 596; Sirey 33-1-180; Dalloz, 33-1-231.)

ART. 2. — Voyez l'art. 25 de la loi du 9 *septembre* 1835.

ART. 3. *idem*.

frais de l'expédition et de la signification de l'arrêt par défaut, et de l'opposition, ainsi que de l'assignation et de la taxe des témoins appelés à l'audience pour le jugement de l'opposition.

4. Dans les cinq jours de la notification de l'opposition, le prévenu devra déposer au greffe une requête tendant à obtenir du président de la cour d'assises une ordonnance fixant le jour du jugement de l'opposition ; elle sera signifiée à la requête du ministère public, tant au prévenu qu'au plaignant, avec assignation au jour fixé, cinq jours au moins avant l'échéance. Faute par le prévenu de remplir les formalités mises à sa charge par le présent article, ou de comparaître par lui-même au jour fixé par l'ordonnance, l'opposition sera réputée non avenue, et l'arrêt par défaut sera définitif.

5. Dans le cas de saisie autorisée par l'art. 7 de la loi du 26 mai 1819, les formes et délais prescrits par cette loi seront observés.

LOI DU 16 FÉVRIER 1834.

Sur les crieurs publics.

[Louis-Philippe, — M. Barthe.]

ART. 1er Nul ne pourra exercer, même temporairement, la profession de crieur, de vendeur ou de distributeur, sur la voie publique, d'écrits, dessins, ou emblèmes, imprimés, lithographiés, authographiés, moulés, gravés ou à la main, sans autorisation préalable de l'autorité municipale.

Cette autorisation pourra être retirée.

Les dispositions ci-dessus sont applicables aux chanteurs sur la voie publique.

2. Toute contravention à la disposition ci-dessus, sera punie d'un emprisonnement de six jours à deux mois pour la première fois, et de deux mois à un an en cas de récidive. Les contrevenans seront traduits devant les tribunaux correctionnels, qui pourront, dans tous les cas, appliquer les dispositions de l'art. 463 du Code pénal.

DÉCRET DU 8 JUIN 1806.

Concernant les théâtres.

[Empire.]

TITRE I. — *Des théâtres de la capitale.*

Art. Ier. Aucun théâtre ne pourra s'é-

ART. 4. — Le délai de cinq jours, pour former opposition à un arrêt par défaut, est de rigueur, tellement que l'opposition formée le sixième jour est nulle, alors même que le jour de l'échéance serait un jour férié. Arr. C. C. 20 octobre 1832. — Bull. crim. n° 427.

Loi du 16 *février* 1834.

Voyez les notes sur la la loi du 10 décembre 1830, qui n'exigeait qu'une *déclaration*, et qui comprenait de plus les *afficheurs*.

L'interprétation du mot *voie publique* a donné lieu à des difficultés. Une allée, une porte-cochère, une boutique ouverte peuvent-elles servir de refuge au crieur au moment où il consomme sa vente? Ces difficultés tiennent plus à des questions de fait que de droit.

Décret du 8 *juin* 1806.

I. Le théâtre est aujourd'hui encore sous le coup de législations différentes, d'actes arbitraires ou incohérens, de dispositions successivement empreintes des violences de la convention, des frayeurs du directoire, du despotisme de l'empire, et de l'esprit courtisan de la restauration. Depuis 1830 on s'est beaucoup occupé de la réforme, ou plutôt de la fondation de la législation théâtrale. Mais on a reculé devant les difficultés. De *fait* le théâtre a rompu, depuis cette époque, beaucoup des entraves que les privilèges de tous genres lui imposaient, comme résultat d'un *droit* souvent douteux à cause de sa multiple origine. Aujourd'hui l'administration est chargée par l'art. 23 (loi du 9 septembre), de faire un réglement qui doit être converti en loi à la prochaine session.

La loi de septembre 1835, qui pose en principe la *censure* en matière de représentations dramatiques, ne crée pas pour le pouvoir un droit nouveau. Ce droit, contestable parce qu'il est en opposition manifeste avec l'esprit de la charte, résulte implicitement du décret de 1806. Et le pouvoir n'a pas manqué d'en faire usage. On comprend que nous n'avons, dans ce recueil, à nous occuper de la législation théâtrale qu'en ce qui concerne la plus ou moins grande liberté apportée à la production des œuvres d'art et d'intelligence, sous la forme de représentations dramatiques. A l'occasion de la loi du 19 juillet 1793, nous nous sommes occupés du droit de propriété des auteurs sur ces productions.

II. La loi du 16-24 août 1790, qui s'occupait de séparer le pouvoir administratif du pouvoir judiciaire, avait dans son article 4 du titre XI, confié à l'autorité *municipale* le droit de permettre et autoriser les spectacles publics. Bientôt la loi du 13-19 janvier 1791 (rapportée à sa date), qui posait en principe la *liberté des représentations théâtrales*, laissait

tablir dans la capitale sans notre autorisation spéciale, sur le rapport qui nous en sera fait par notre ministre de l'intérieur.

Art. 2. Tout entrepreneur qui voudra obtenir cette autorisation sera tenu de faire la déclaration prescrite par la loi, et

---

seulement la police de surveillance à l'autorité municipale.

Cette liberté fut confirmée par deux décrets de la convention dont nous donnons le texte.

Décret du 12 janvier 1793.

La convention nationale, sur la lecture donnée d'une lettre du maire de Paris, qui annonce qu'il y a un rassemblement autour de la salle du théâtre de la nation, qui demande que la convention nationale prenne en considération une députation dont le peuple attend l'effet avec impatience, et dont l'objet est d'obtenir une décision favorable, afin que la pièce de l'*Ami des lois* soit représentée nonobstant l'arrêté du corps municipal de Paris, qui en défend la représentation, passe à l'ordre du jour, motivé sur ce qu'il n'y a point de loi qui autorise les corps municipaux à censurer les pièces de théâtre.

Décret du 16 janvier 1793.

La convention nationale casse l'arrêté du conseil exécutif provisoire, en ce que l'injonction faite aux directeurs des différens théâtres étant vague et indéterminée, blesse les principes, donnerait lieu à l'arbitraire, et est contraire à l'art. 6 du décret du 13 janvier 1791, qui porte que « les entrepreneurs « ne recevront des ordres que des officiers « municipaux, qui ne pourront pas arrêter ni « défendre la représentation d'une pièce, sauf « la responsabilité des auteurs et des comé- « diens, et qui ne pourront rien enjoindre aux « comédiens, que conformément aux lois et « aux réglemens de police. »

Mais cette liberté ne fut pas de longue durée, et la série de décrets que nous transcrivons, en dit plus à cet égard que toutes les réflexions.

Décret du 2--3 août 1793.

ART. 1er À compter du 4 de ce mois et jusqu'au 1er septembre prochain, seront représentés trois fois la semaine, sur les théâtres de Paris qui seront désignés par la municipalité, les tragédies de *Brutus*, *Guillaume Tell*, *Caïus-Gracchus*, et autres pièces dramatiques qui retracent les glorieux événemens de la révolution et les vertus des défenseurs de la liberté. Une de ces représentations sera donnée chaque semaine aux frais de la république.

ART. 2. Tout théâtre sur lequel seraient représentées des pièces tendant à dépraver l'esprit public et à réveiller la honteuse superstition de la royauté, sera fermé, et les directeurs arrêtés et punis selon la rigueur des lois.

Décret du 14 août 1793.

La convention nationale, sur la proposition d'un membre, décrète que les conseils des communes sont autorisés à diriger les spectacles, et y faire représenter les pièces les plus propres à former l'esprit public et développer l'énergie républicaine.

Arrêté du 25 pluviôse an IV (a).

Le directoire exécutif, informé que le royalisme et l'aristocratie, comprimés de toutes parts, s'agitent encore et semblent chercher un dernier asile dans les spectacles, où ils épient avec soin et saisissent avec avidité toutes les occasions de troubler l'ordre ou de dépraver la morale publique, ce premier et puissant ressort du gouvernement républicain;

Considérant que le but essentiel de ces établissemens publics, où la curiosité, le goût des arts, et d'autres motifs, attirent chaque jour un rassemblement considérable de citoyens de tout sexe et de tout âge, étant de concourir, par l'attrait même du plaisir, à l'épuration des mœurs et à la propagation des principes républicains, ces institutions doivent être l'objet d'une sollicitude spéciale de la part du gouvernement;

Que l'article 356 de l'acte constitutionnel place sous la surveillance particulière de la loi toutes les professions qui intéressent les mœurs publiques;

Qu'à cet égard, la constitution n'a fait que sanctionner les principes déjà consacrés par la loi du 2 août 1793, qui, en ordonnant la représentation périodique, sur les théâtres de Paris, de pièces républicaines, ordonne aussi que tout théâtre sur lequel seraient représentées des pièces tendant à dépraver l'esprit public et à réveiller la honteuse superstition de la royauté, sera fermé, et les directeurs arrêtés, pour être punis suivant la rigueur des lois;

(a) Le 18 nivose an IV le directoire exécutif avait ordonné à tous les directeurs, entrepreneurs et propriétaires des spectacles de Paris, sous leur responsabilité individuelle, de faire jouer chaque jour par leur orchestre, avant la levée de la toile, les airs chéris des républicains, tels que la *Marseillaise*, *Ça ira*, *Veillons au salut de l'empire*, le *Chant du Départ*. L'arrêté prescrivait de chanter dans l'intervalle des deux pièces l'hymne des Marsaillais, ou quelque autre chanson patriotique, et défendait expressément de chanter, laisser ou faire chanter l'air homicide dit: le *Réveil du Peuple*.

Le théâtre des Arts (l'Opéra) devait donner, à chaque jour de spectacle, une représentation de l'*Offrande de la Liberté*, avec des chœurs et accompagnemens, ou quelque autre pièce républicaine.

Le 22 nivose an IV cet arrêté fut rendu commun à tous les théâtres de la république.

..., devant notre ministre de l'intérieur, des moyens qu'il aura pour assurer l'exécution de ses engagemens.

Art. 3. Le théâtre de l'impératrice sera placé à l'Odéon, aussitôt que les réparations seront achevées.

Les entrepreneurs du théâtre Montansier, d'ici au 1er janvier 1807, établiront leur théâtre dans un autre local.

Art. 4. Les répertoires de l'Opéra, de la Comédie-Française et de l'Opéra-Comique seront arrêtés par le ministre de l'intérieur; et nul autre ne pourra représenter, à Paris, des pièces comprises dans les répertoires de ces trois grands théâtres, sans leur autorisation, et sans leur payer une rétribution qui sera réglée de gré à gré, et avec l'autorisation du ministre.

Art. 5. Le ministre de l'intérieur pourra assigner à chaque théâtre un genre de spectacle, dans lequel il sera tenu de se renfermer.

Que celle du 14 du même mois charge textuellement les conseils généraux des communes de diriger les spectacles, et d'y faire représenter les pièces les plus propres à former l'esprit public et à développer l'énergie républicaine;

Que par ces dispositions la convention nationale a clairement dérogé à celle de la loi du 19 janvier 1791, rappelée dans les décrets des 12 et 16 janvier 1793, qui interdisait aux municipalités la faculté d'arrêter ou défendre la représentation des pièces, sauf la responsabilité des auteurs ou comédiens.

Que néanmoins quelques auteurs d'ouvrages dramatiques, ainsi que quelques directeurs ou artistes de théâtre, particulièrement dans les grandes communes de la république, cherchent à se soustraire à l'action salutaire de cette direction et de cette surveillance, en affectant, par un dangereux abus des principes, de confondre la liberté de la presse, si religieusement et si justement consacrée par la constitution, avec le droit essentiellement subordonné à l'autorité civile, de disposer d'un établissement public, pour y influencer, par le prestige de la déclamation et des arts, une grande masse de citoyens, et y répandre, avec sécurité, le poison des maximes les plus anti-républicaines; et qu'il est essentiel de rappeler aux citoyens les lois qui placent tous les établissemens de ce genre sous la surveillance expresse et directe des pouvoirs constitués,

Arrête ce qui suit:

Art. 1er. En exécution des lois qui attribent aux officiers municipaux des communes la police et la direction des spectacles, le bureau central de police, dans les cantons où il en est établi, et les administrations municipales, dans les autres cantons de la république, tiendront sévèrement la main à l'exécution des lois et réglemens de police sur le fait des spectacles, notamment des lois rendues les 15 et 24 août 1790, 2 et 14 août 1793 (vieux style): en conséquence, ils veilleront à ce qu'il ne soit représenté sur les théâtres établis dans les communes de leur arrondissement aucune pièce dont le contenu puisse servir de prétexte à la malveillance et occasioner du désordre, et ils arrêteront la représentation de toutes celles par lesquelles l'ordre public aurait été troublé d'une manière quelconque.

Art. 2. Conformément à l'art. 2 de la loi du 8 août précitée, le bureau central de police et les administrations municipales feront fermer les théâtres sur lesquels seraient représentées des pièces tendant à dépraver l'esprit public et à réveiller la honteuse superstition de la royauté, et ils feront arrêter et traduire devant les officiers de police judiciaires compétens les directeurs desdits théâtres, pour être punis suivant la rigueur des lois.

Art. 3. Le présent arrêté sera inséré dans le *Bulletin des Lois*. Le ministre de la police générale de la république est spécialement chargé d'en surveiller l'exécution.

Arrêté du 11 *germinal an* IV.

Tout spectacle où des troubles se manifesteraient sera fermé.

On ne pourra jouer ou chanter sur les théâtres que les pièces ou airs indiqués par les affiches.

17 *frimaire an* XIV. DÉCRET *sur la police des théâtres*.

Art. 1er. Les commissaires généraux de police sont chargés de la police des théâtres, seulement en ce qui concerne les ouvrages qui y sont représentés.

Art. 2. Les maires sont chargés, sous tous les autres rapports, de la police des théâtres et du maintien de l'ordre et de la sûreté.

Ce décret qui donne à la *police* la surveillance des *ouvrages* était un acheminement vers le décret de de 1806. — L'art. 2 attribue à l'autorité municipale une surveillance que l'arrêté du 5 brumaire an IX donnait aux commissaires généraux de police. — On sait du reste qu'à Paris la police administrative et la police municipale sont dans les attributions du *préfet de police*.

Art. 4, 5 et 6. — Ces dispositions, qui n'ont point été abrogées, ont cessé d'être exécutées depuis 1830. Mais le gouvernement manifeste l'intention de leur donner de nouveau toute leur efficacité. Il y a peu de jours que la représentation de la tragédie *Othello* par Du-

Art. 6. L'Opéra pourra seul donner des ballets, ayant les caractères qui sont propres à ce théâtre, et qui seront déterminés par le ministre de l'intérieur.

Il sera le seul théâtre qui pourra donner des bal masqués.

TITRE II. — *Théâtres des départemens.*

Art. 7. Dans les grandes villes de l'empire, les théâtres seront réduits au nombre de deux. Dans les autres villes, il n'en pourra subsister qu'un. Tous devront être munis de l'autorisation du préfet, qui rendra compte de leur situation au ministre de l'intérieur.

Art. 8. Aucune troupe ambulante ne pourra subsister sans l'autorisation des ministres de l'intérieur et de la police. Le ministre de l'intérieur désignera les arrondissemens qui leur seront destinés, et en préviendra les préfets.

Art. 9. Dans les chefs-lieux de département, le théâtre principal jouira seul du droit de donner des bals masqués.

TITRE III. — *Des auteurs.*

Art. 10. Les auteurs et les entrepreneurs seront libres de déterminer entre eux, par des conventions mutuelles, les rétributions dues aux premiers par somme fixe ou autrement.

Art. 11. Les autorités locales veilleront strictement à l'exécution de ces conventions.

Art. 12. Les propriétaires d'ouvrages dramatiques posthumes ont les mêmes droits que l'auteur, et les dispositions sur la propriété des auteurs et sa durée leur sont applicables, ainsi qu'il est dit au décret du 1er germinal an XIII.

Dispositions générales.

Art. 13. Tout entrepreneur qui aura fait faillite ne pourra plus rouvrir de théâtres.

Art. 14. Aucune pièce ne pourra être jouée sans l'autorisation du ministre de la police.

Art. 15. Les spectacle de curiosité seront soumis à des réglemens particuliers, et ne porteront plus le titre de *théâtres.*

DÉCRET DU 29 JUILLET 1807.

Sur les théâtres.

TITRE I. — *Dispositions générales.*

Art. 1er. Aucune représentation à bénéfice ne pourra avoir lieu que sur le théâtre même, dont l'administration ou les entrepreneurs auront accordé le bénéfice de ladite représentation.

Les acteurs de nos théâtres impériaux ne pourront jamais paraître dans ces représentations que sur le théâtre auquel ils appartiennent.

Art. 2. Les préfets, sous-préfets et maires sont tenus de ne pas souffrir que, sous aucun prétexte, les acteurs desdits quatre grands théâtres qui auront obtenu un congé pour aller dans les départemens, y prolongent un séjour au-delà du temps fixé par le congé : en cas de contravention, les directeurs de spectacles seront condamnés à verser à la caisse des pauvres le montant de la recette des représentations qui auront eu lieu après l'expiration du congé.

Art. 3. Aucune nouvelle salle de spectacle ne pourra être construite, aucun déplacement d'une troupe d'une salle dans une autre ne pourra avoir lieu dans notre bonne ville de Paris, sans une autorisation donnée par nous, sur le rapport de notre ministre de l'intérieur.

TITRE II. — *Du nombre des théâtres, et des règles auxquelles ils sont assujettis.*

Art. 4. Le *maximum* du nombre des théâtres de notre bonne ville de Paris est fixé à huit : en conséquence, sont seuls autorisés à ouvrir, afficher et représenter,

---

cis, a été interdite au théâtre de la Porte-Saint-Martin.

ART. 10, 11 et 12. — Voy. la loi du 19 juillet 1793 et les notes.

ART. 14. — C'est la censure. Si le décret avait force de loi, pourquoi la loi de 1835? s'il était abrogé ou inconstitutionnel, comment l'a-t-on si souvent exécuté? — Voyez le décret du 29 juillet 1807, et la loi du 9 septembre 1835 art. 21.

Décret du 29 juillet 1807.

Voyez le décret du 8 juin 1806 et les notes.

ART. 4 et 5. — Depuis, beaucoup d'autorisations nouvelles ont été données. — Quant au *genre* des pièces jouées, voy. la note sur les art. 4 et 5 du décret de 1806.

Le réglement du 25 avril 1807, est tout d'exécution, et il n'entre pas dans notre plan d'en donner le texte. Il fixe le genre de chaque théâtre; il s'occupe des théâtres des départemens et des diverses troupes de comédiens.

indépendamment des quatre grands théâtres mentionnés en l'article premier du réglement de notre ministre de l'intérieur, en date du 25 avril dernier, les entrepreneurs ou administrateurs des quatre théâtres suivans :

1° Le théâtre de la Gaîté, établi en 1760; celui de l'Ambigu-Comique, établi en 1772, boulevard du Temple, lesquels joueront concurremment des pièces du même genre, désignées aux paragraphes 3 et 4 de l'article 3 du réglement de notre ministre de l'intérieur;

2° Le théâtre des Variétés, boulevard Montmartre, établi en 1777, et le théâtre du Vaudeville, établi en 1792, lesquels joueront concurremment des pièces du même genre, designées aux paragraphes 3 et 4 de l'article 3 du réglement de notre ministre de l'intérieur.

Art. 5. Tous les théâtres non autorisés par l'article précédent seront fermés avant le 15 août.

En conséquence, on ne pourra représenter aucune pièce sur d'autres théâtres de notre bonne ville de Paris, que ceux ci-dessus désignés, sous aucun prétexte, ni y admettre le public, même gratuitement; faire aucun affiche, distribuer aucun billet imprimé ou à la main, sous les peines portées par les lois et réglemens de police.

Art. 6. Le réglement susdaté, fait par notre ministre de l'intérieur, est approuvé pour être exécuté dans toutes les dispositions auxquelles il n'est pas dérogé par le présent décret.

Art. 7. Les ministres de l'intérieur et de la police générale sont chargés de l'exécution du présent décret.

LOIS

DU 9 SEPTEMBRE 1835.

LOI DU 9 SEPTEMBRE 1835

Sur les crimes, délits et contraventions de la presse et des autres moyens de publication.

TITRE Ier — *Des crimes, délits et contraventions.*

ART. Ier. Toute provocation, par l'un des moyens énoncés en l'article 1er de la loi du 17 mai 1819, aux crimes prévus par les articles 86 et 87 du code pénal, soit qu'elle ait été ou non suivie d'effet, est un attentat à la sûreté de l'état.

Si elle a été suivie d'effet, elle sera punie conformément à l'article 1er de la loi du 17 mai 1819.

Loi sur la presse.

I. Présentation à la chambre des députés ; discours de M. de Broglie, président du conseil ; exposé des motifs par M. Persil, garde-des-sceaux ; le 4 août 1835. — Nomination de la commission, 8 août. — Rapport (M. Sauzet) 18 août. — Discussion du 21 au 29 août. — Adoption le 29.

Présentation à la chambre des pairs, le 1er septembre. — Rapport (M. de Barante) 5 septembre. — Discussion 8 et 9. — Adoption 9 septembre.

Sanction le 9 septembre. — Promulgation le même jour.

II. Le caractère distinctif de cette loi n'est plus la *prévention* comme celui de certaines lois de l'empire et de la restauration ; ce n'est plus la *répression* comme celui de la législation de 1819 et de 1830 ; c'est la *suppression* de certaines attaques prévues par le texte, de la discussion de certains points, de l'émission en public de certaines doctrines ou de certaines opinions.

Ce caractère, gravement reproché à la loi lors de la discussion qui a eu lieu à la chambre des députés, lui a été imprimé dans l'intention même des rédacteurs. Nous pourrions citer un grand nombre de passages à l'appui, nous nous contenterons de quelques phrases fort claires. — M. Persil, garde-des-sceaux, a dit dans l'exposé des motifs, (séance du 4 août) :

« On nous dirait : vous voulez ruiner la presse périodique. Messieurs, il faut distinguer, nous ne voulons ruiner que ceux qui veulent ruiner la France. Il y a deux sortes de presse périodique, la presse monarchique constitutionnelle d'un côté, de l'autre la presse républicaine et la presse carliste. Pour ces deux dernières, nous ne le nions pas, nous sommes peu disposés à les supporter. »

M. de Broglie, *président du conseil*, a dit, séance du 24 :

« Nous vous demandons, non pas de *réprimer*, prenez-y bien garde, nous vous demandons de *supprimer* toute offense possible à la personne du roi ; nous vous demandons d'*interdire la discussion* sur la personne du roi. C'est le caractère *essentiel* de la loi, qu'elle n'entend ni régler, ni restreindre, ni gêner la discussion, *sur les points* où la discussion est *permise* ; qu'elle entend simplement *interdire la discussion* sur les points où, *selon nous, elle n'est pas permise*. — Pour y réussir nous vous proposons : 1° d'ériger en crime l'offense envers le roi ; 2° de frapper ce crime de peines non pas *répressives*, mais *suppressives*, de peines destinées à rendre la récidive impossible, destinées à opérer par exemple, *la suppression d'un journal*, si c'est un journal qui l'a commis.... Ce que nous vous demandons pour la personne du roi, nous vous le demandons pour la constitution du pays, pour l'établissement fondé en 1830. Nous vous demandons d'*interdire la discussion* sur les droits de la maison régnante et sur la monarchie constitutionnelle telle qu'elle a été fondée par la Charte. »

M. Guizot, *ministre de l'instruction publique*, a dit, dans la séance du 28 août en répondant aux divers orateurs de l'opposition :

« Pour la première fois on ose avancer que nous avons craint de dire ce que nous pensions... et dans quel moment ? quand nous venons de vous déclarer ouvertement que nous voulions, non pas *punir*, non pas *améliorer*, mais *supprimer*, mais *anéantir*, la mauvaise presse, la presse anti-dynastique, la presse carliste et républicaine. »

ART. 1er — I. Le plus grand défaut d'une loi, surtout d'une loi pénale, c'est de n'être pas *claire*, non-seulement pour ceux qui ont l'habitude de lire la langue particulière de la

Si elle n'a pas été suivie d'effet, elle sera punie de la détention et d'une amende de dix mille à cinquante mille francs.

Dans l'un comme dans l'autre cas, elle pourra être déférée à la chambre des pairs, conformément à l'article 28 de la charte.

---

législation, mais aussi pour ceux qui sont exposés chaque jour à tomber sous les coups de la loi. — Pour comprendre cet art. 1er, il est nécessaire d'avoir sous les yeux les dispositions de lois auxquelles il se réfère.

Loi du 17 mai 1819. Art. 1er. Quiconque, soit par des discours, des cris ou des menaces proférés dans des lieux ou réunions publics, soit par des écrits, des imprimés, des dessins, des gravures, des peintures ou emblêmes, vendus ou distribués, mis en vente, ou exposés dans des lieux ou réunions publics, soit par des placards et des affiches exposés aux regards du public, aura provoqué l'auteur ou les auteurs de toute action qualifiée crime ou délit, à la commettre, sera réputé complice et puni comme tel.

Code pénal, Art. 86. L'attentat contre la vie ou contre la personne du roi est puni de la peine du parricide.

L'attentat contre la vie ou contre la personne des membres de la famille royale, est puni de la peine de mort.

Toute offense commise publiquement envers la personne du roi sera punie d'un emprisonnement de six mois à cinq ans et d'une amende de cinq cents frans à dix mille francs. Le coupable pourra en outre être interdit de tout ou partie des droits mentionnés en l'art, 42, pendant un temps égal à celui de l'emprisonnement auquel il aura été condamné. Ce temps courra à compter du jour où le coupable aura subi sa peine.

(Voyez ci-dessous, note de l'art. 3, le texte de l'art. 42 du Code pénal.)

87. L'attentat dont le but sera, soit de détruire, soit de changer le gouvernement ou l'ordre de successibilité au trône, soit d'exciter les citoyens ou habitans à s'armer contre l'autorité royale, sera puni de mort.

II. Le 1er paragraphe de l'art. que nous commentons diffère de l'art. 1er de la loi de 1819 en ce sens, qu'il fait de la *provocation* un *crime* (attentat), tandis qu'elle ne constituait que la *complicité du crime*. — La conséquence découle dans les paragraphes suivans. Il n'est plus nécessaire que la *provocation* ait été *suivie d'effet*, c'est-à-dire du *crime*, pour que le *provocateur* soit puni en *criminel*, comme *complice*. La provocation, même non suivie d'effet, étant un *crime*, on la punit d'une peine *criminelle*, tandis que l'art. 2 de la loi de 1819 ne la punissait que d'une peine *correctionnelle* (*emprisonnement* de 3 mois à 5 ans, amende de 50 fr. à 6,000 fr.)

Quant à la *détention*, voici en quoi elle consiste :

Art. 20. Quiconque aura été condamné à la détention sera renfermé dans l'une des forteresses situées sur le territoire continental du royaume, qui auront été déterminées par une ordonnance du roi rendue dans la forme des réglemens d'administration publique.

Il communiquera avec les personnes placées dans l'intérieur du lieu de la détention ou avec celles du dehors, conformément aux réglemens de police établis par une ordonnance du roi.

La détention ne peut être prononcée pour moins de cinq ans, ni pour plus de vingt ans, sauf le cas prévu par l'art. 33. (*Le banni rentré*).

C'est, du reste, la moindre des peines *criminelles*; mais ordinairement elle n'est pas jointe à l'amende.

III. Bien que du renvoi pur et simple du 1er paragraphe de l'art. 1er de la présente loi (9 septembre) aux *crimes prévus* par les art. 86 et 87 du Code pénal, on puisse être porté à conclure que ce paragraphe entend y comprendre le *crime* d'offense au roi, nous pensons néanmoins qu'il ne faut pas l'entendre ainsi.

Les art. 2 et 3 de la nouvelle loi définissent de nouveau l'offense au roi, tantôt crime et tantôt délit; ils appliquent une nouvelle pénalité. Le dernier paragraphe de l'art. 86, qui y avait été introduit lors de la révision du Code pénal en 1828, pour généraliser l'art 9 de la loi du 17 mai 1819 (Voy. les notes sur cet article), est implicitement abrogé par les ar. 2 et 3. Il ne peut pas l'être de moitié, c'est-à-dire subsister quant à *l'énumération*, et être effacé quant à la *qualification* de la peine.

Il suit de là que la loi nouvelle ne prévoit pas le cas de la *provocation à l'offense au roi*; que cette *provocation* rentre dans le droit commun; qu'elle ne peut constituer que la complicité dans le cas où elle est suivie d'effet; que si elle n'est pas suivie d'effet, elle ne sera jamais punie que de peines correctionnelles.

Nous sommes ici sous une loi spéciale, et tous les cas non prévus restent dans le domaine de la loi ordinaire. — Voy. les notes sur l'art. 7 de la loi du 17 mai 1814.

IV. Le § 2 de l'art. dit : *punie conformément* etc., c'est-à-dire *comme complice*. — Voici la disposition du Code pénal sur la complicité.

59. Les complices d'un crime ou d'un délit seront punis de la même peine que les auteurs mêmes de ce crime ou de ce délit, sauf les cas où la loi en aurait disposé autrement.

V. Le § 4 de l'art. énonce formellement la *faculté* d'attribuer à la juridiction de la cour des pairs la connaissance de l'*attentat* qu'il définit. C'est une conséquence de la *définition* qui avait été introduite dans cette intention, tellement que le projet du gouvernement ne mentionnait pas formellement l'attribution à la cour des pairs. C'est la commission qui l'a ajouté. Il fallait que le *délit* fût un *attentat* pour que l'on pût lui appliquer l'art. 28 de la Charte, ainsi conçu :

2. L'offense au roi, commise par les mêmes moyens, lorsqu'elle a pour but d'exciter à la haine et au mépris de sa personne ou de son autorité constitutionnelle, est un attentat à la sûreté de l'état.

Celui qui s'en rendra coupable sera jugé et puni conformément aux deux derniers paragraphes de l'article précédent.

3. Toute autre offense au roi sera punie conformément à l'article 9 de la loi du 17 mai 1819.

4. Quiconque fera remonter au roi le blâme ou la responsabilité des actes de son gouvernement sera puni d'un emprisonnement d'un mois à un an et d'une amende de cinq cents à cinq mille francs.

5. L'attaque contre le principe ou la forme du gouvernement établi par la charte de 1830, tels qu'ils sont définis par la loi du 29 novembre 1830, est un attentat à la sûreté de l'état, lorsqu'elle a pour but d'exciter à la destruction ou au changement du gouvernement.

Celui qui s'en rendra coupable sera jugé et puni conformément aux deux derniers paragraphes de l'article 1er.

6. Toute autre attaque prévue par la loi du 29 novembre 1830 continuera d'être punie conformément aux dispositions de cette loi.

7. Seront punis des peines prévues par l'article précédent, ceux qui auront fait publiquement acte d'adhésion à toute autre forme de gouvernement, soit en attri-

---

La Cour des pairs connaît des crimes contre la sûreté de l'état et des crimes de haute trahison qui seront définis par la loi.

C'est à l'aide de cette subtilité qu'on a fait sortir un *délit de la presse* de la juridiction du jury prescrite par l'art. 69 de la Charte. (Voyez page 3.)

Art. 2. — I. Le projet du gouvernement déclarait *toute* offense au roi un attentat, et la punissait comme telle. Puis il punissait de peines correctionnelles quiconque aurait *tourné en dérision la personne ou l'autorité du roi*.

La commission a changé ce système. Elle n'a pas cru que la *dérision* constituât un délit particulier; mais seulement un *moyen* de commettre une offense qui, suivant les circonstances, peut être grave ou légère. — Elle a donc, pour l'offense au roi *en général*, laissé subsister l'art. 9 de la loi du 17 mai 1819. Puis elle a posé une *exception* pour l'offense *grave* définie par le présent art. 2.

Art. 3. — Emprisonnement de 6 mois à 5 ans, amende de 500 francs à 10,000 francs, application facultative de l'art. suivant du Code pénal :

42. Les tribunaux jugeant correctionnellement pourront dans certains cas, interdire, en tout ou en partie, l'exercice des droits civiques, civils et de famille suivans :

1° De vote et d'élection ;

2° D'éligibilité ;

3° D'être appelé ou nommé aux fonctions de juré ou autres fonctions publiques, ou aux emplois de l'administration, ou d'exercer ces fonctions ou emplois ;

4° Du port d'armes ;

5° De vote et de suffrage dans les délibérations de famille ;

6° D'être tuteur, curateur, si ce n'est de ses enfans et sur l'avis seulement de la famille,

7° D'être expert ou employé comme témoin dans les actes.

8° De témoignage en justice, autrement que pour y faire de simples déclarations.

Art. 4. — Le projet du gouvernement interdisait, *dans la discussion des actes du gouvernement, de faire intervenir le nom du roi, soit directement, soit indirectement, soit par voie d'allusion.* — La commission a changé les termes qui étaient trop élastiques et auraient pu s'appliquer à des actes indifférens, même à des intentions louables.

Ce *délit* est du reste une création de la loi nouvelle, destinée à donner un corps à la fiction constitutionnelle de l'irresponsabilité royale.

Art. 5. — Le principe de cet article avait été discuté lors de la discussion générale ; la commission n'avait fait que le modifier pour le rendre plus clair, s'il est possible, et en séparer les cas prévus par l'art. 6. — La discussion a été courte, et on a rejeté sans l'appuyer un amendement de M. Janvier qui voulait excepter les discussions philosophiques et rationnelles.

Rapprochez cet article de la loi du 29 novembre 1830, de l'art. 2 de la loi du 25 mars 1822, de l'art 4 de la loi du 17 mai 1819, de la loi du 9 novembre 1815, et des lois qui se sont succédées depuis 1790 jusqu'en 1814 ainsi que nous les rapportons dans les notes sur la charte de 1830, page 7 et 8.

Remarquons que la loi de 1819 ne punissait que les attaques *formelles*. La loi présente punit *toute* attaque, sans même indiquer le *moyen*. Il faut croire que la définition de l'art. 1er de la loi du 17 mai 1819, recevra ici une application. Elle est dans l'esprit de la loi nouvelle.

Art. 6. — Voyez cette loi page 72. — Emprisonnement de trois mois à cinq ans et amende de 300 francs à 6,000 francs.

Art. 7. — Délit nouveau. — Il ne peut du reste résulter que de la *publicité*. Pour les caractères constitutifs de la publicité, Voy. les notes de l'art. 1er de la loi du 17 mai 1819. — Voy. toutefois les notes sur la charte de 1830, page 7 et 8.

buant des droits au trône de France, aux personnes bannies à perpétuité par la loi du 10 avril 1832, ou à tout autre que Louis-Philippe Ier et sa descendance;

Soit en prenant la qualification de républicain ou toute autre incompatible avec la charte de 1830;

Soit en exprimant le vœu, l'espoir ou la menace de la destruction de l'ordre monarchique constitutionnel, ou de la restauration de la dynastie déchue.

8. Toute attaque contre la propriété, le serment, le respect dû aux lois; toute apologie de faits qualifiés crimes et délits par la loi pénale; toute provocation à la haine entre les diverses classes de la société, sera punie des peines portées par l'article 8 de la loi du 17 mai 1819.

Néanmoins, dans les cas prévus par le paragraphe précédent et par l'art. 8 de la loi précitée, les tribunaux pourront, selon les circonstances, élever les peines jusqu'au double du maximum.

9. Dans tous les cas de diffamation prévus par les lois, les peines qui sont portées pourront, suivant la gravité des circonstances, être élevées au double du maximum, soit pour l'emprisonnement, soit pour l'amende. Le coupable pourra, en outre, être interdit, en tout ou en partie, des droits mentionnés par l'article 42 du code pénal, pendant un temps égal à la durée de l'emprisonnement.

10. Il est interdit aux journaux et écrits périodiques de rendre compte des procès pour outrages ou injures et des procès en diffamation, où la preuve des faits diffamatoires n'est pas admise par la loi; ils pourront seulement annoncer la plainte sur la demande du plaignant; dans tous les cas ils pourront insérer le jugement.

Il est interdit de publier les noms des jurés, excepté dans le compte-rendu de l'audience où le jury aura été constitué.

Il est interdit de rendre compte des délibérations intérieures, soit des jurés, soit des cours et tribunaux.

L'infraction à ces diverses prohibitions sera poursuivie devant les tribunaux correctionnels, et punie d'un emprisonnement d'un mois à un an, et d'une amende de cinq cents à cinq mille francs.

11. Il est interdit d'ouvrir ou annoncer publiquement des souscriptions ayant pour objet d'indemniser des amendes, frais, dommages et intérêts prononcés par des condamnations judiciaires. Cette infraction sera jugée et punie comme il est dit à l'article précédent.

12. Les dispositions de l'art. 10 de la lo

Art. 8. — Cet article a été introduit par la commission pour « protéger l'ordre *social* à « l'égard de l'ordre politique. » Il est conçu de manière à atteindre toute discussion. — Toutefois la rédaction ne m'en paraît pas claire: l'*attaque contre la propriété*, ne peut s'appliquer qu'à des faits prévus et punis par le code pénal. La pensée de la loi, énoncée par le rapporteur, défendue par les orateurs qui soutenaient la loi, et combattue directement par leurs adversaires, est d'interdire les *discussions sur le droit de propriété, l'utilité du serment* etc., et l'émission de théories *sociales* autres que celles consacrées par les formules légales.

Bien entendu que c'est toujours de l'attaque par les moyens énoncés dans la loi du 17 mai, qu'il est question malgré le silence de l'article.

Art. 8 *de la loi du* 17 *mai*. — Tout outrage à la morale publique et religieuse, ou aux bonnes mœurs, par l'un des moyens énoncés en l'article 1er, sera puni d'un emprisonnement d'un mois à un an, et d'une amende de seize frans à cinq cents francs.

Voyez aussi les art. 1er et 10 de la loi du 25 mars 1822.

Art. 9. — Sur la *diffamation*. Voy. les art. 10 et suivans de la loi du 17 mai 1819, et les notes. — Le présent article porte l'aggravation *facultative* des peines suivantes:

Diffamation envers les cours, tribunaux, corps constitués, autorités ou administrations publiques, *maximum* 2 ans d'emprisonnement et 5,000 francs d'amende, (quatre ans et 10,000 fr.)

Envers les dépositaires ou agens de l'autorité publique, pour faits relatifs aux fonctions, *maximum* dix-huit mois et 3,000 francs, ou l'un des deux (trois ans et 6,000 fr).

Envers les agens diplomatiques (de même).

Envers les particuliers, un an et 2,000 francs, ou l'un des deux (deux ans et 4,000 francs).

Voyez l'art. 42, sous l'art. 3 ci-dessus en note.

Art. 12. — I. *Loi du* 9 *juin* 1819, art. 10. En cas de condamnation, les mêmes peines leur (*aux journalistes*) seront appliquées: toutefois les amendes « pourront être » élevées au double, et en cas de récidive, portées au quadruple, sans préjudice des peines de la récidive prononcées par le code pénal.

Le projet du gouvernement ordonnait la condamnation *nécessaire* du gérant au double du minimum de la peine et de l'amende. La commission la rend facultative et pour l'amende seulement, mais le *maximum* est toujours

du 9 juin 1819 sont applicables à tous les cas prévus par la présente loi. En cas de seconde ou ultérieure condamnation contre le même gérant ou contre le même journal dans le cours d'une année, les cours et tribunaux pourront prononcer la suspension d'un journal pour un temps qui n'excèdera pas deux mois, suivant la loi du 18 juillet 1828. Cette suspension pourra être portée à quatre mois si la condamnation a eu lieu pour crime.

Les peines prononcées par la présente loi et par les lois précédentes sur la presse et autres moyens de publication, ne se confondront point entre elles, et seront toutes intégralement subies lorsque les faits qui y donneront lieu seront postérieurs à la première poursuite.

TITRE II. — *Du gérant des journaux et écrits périodiques.*

ART. 13. Le cautionnement que les propriétaires de tout journal ou écrit périodique sont tenus de fournir sera versé, en numéraire, au trésor, qui en paiera l'intérêt au taux réglé par les cautionnemens.

Le taux de ce cautionnement est fixé comme il suit :

Si le journal ou écrit périodique paraît plus de deux fois par semaine, soit à jour fixe, soit par livraison et irrégulièrement, le cautionnement sera de cent mille francs.

Le cautionnement sera de soixante-quinze mille francs, si le journal ou écrit périodique ne paraît que deux fois par semaine.

Il sera de cinquante mille francs, si le journal ou écrit périodique ne paraît qu'une fois par semaine.

Il sera de vingt-cinq mille francs, si le journal ou écrit périodique parait seulement plus d'une fois par mois.

Le cautionnement des journaux quotidiens, publiés dans les départemens autres que ceux de la Seine, Seine-et-Oise, Seine-et-Marne, sera de vingt-cinq mille francs dans les villes de cinquante mille âmes et au-dessus.

Il sera de quinze mille francs dans les villes au-dessous, et respectivement de la moitié de ces deux sommes, pour les journaux et écrits périodiques qui paraissent à des termes moins rapprochés.

Il est accordé aux propriétaires de journaux ou écrits périodiques actuellement existans, un délai de quatre mois, pour se conformer à ces dispositions.

---

doublé. (Art. 15 de la loi du 18 juillet 1828.)

Pour les règles de la *récidive,* Voy. les notes sur la loi du 9 juin 1819.

II. Voici les résultats de ces dispositions :

1° Dans le cas de l'art. 1er appliqué aux art. 86 et 87 du code pénal, il n'y a pas de récidive possible, la peine est la *mort*, ou la *déportation*, si on admet des circonstances atténuantes.

2° Dans le cas de même provocation non suivie d'effet : *minimum* 5 ans de détention, 20,000 francs d'amende. *Maximum* 20 ans de détention et 200,000 fr. d'amende

3° De même pour l'offense grave au roi.

4° Pour l'offense légère : *minimum* six mois d'emprisonnement, et 1,000 francs d'amende, *maximum* cinq ans et 40,000 fr.

5° Pour l'imputation au roi de la responsabilité de ses actes, un mois à un an ; 1,000 fr. à 20,000 fr.

6° Pour l'art. 5 ; 5 ans à 20 ans de détention, 20,000 à 200,000 fr. d'amende.

7° Pour l'art. 6, 3 mois à 5 ans d'emprisonnement ; 600 fr. à 24,000 fr. d'amende.

8° De même pour l'art. 7.

9° Pour les attaques contre la propriété etc., 1 mois à 1 an, 32 fr. à 2,000 fr.

10° Pour la diffamation, Voy. la note sur l'art. 9, doublez les maximum d'amendes.

11° Pour les comptes rendus de procès en diffamation et l'annonce de souscriptions etc. 1 mois à 1 an ; 1,000 fr. à 20,000 fr.

III L'art. 15 de la loi de 1828 ne prononçait la suspension que contre le *même gérant*. En changeant de gérant, le journal condamné pouvait éviter la suspension en cas de récidive. Aujourd'hui il ne le pourrait plus, ces termes *contre le même gérant* ou *le même journal,* embrassent tous les cas.

IV. Pour tous les délits antérieurs à la poursuite, les peines se confondent, la plus forte absorbe la plus faible.

ART. 13. — D'après cet article la nature des garanties que la loi demande pour l'établissement d'un journal reste toujours la même : déclaration d'établissement, cautionnement, gérant responsable propriétaire d'une partie, dépôt d'un exemplaire signé. Ces conditions sont celles des lois du 18 juillet 1828 et du 14 décembre 1830. Mais la forme de leur exécution est modifiée de manière à les rendre beaucoup plus difficiles pour les journalistes.

Les lois de juin 1819, de 1828, de 1830 permettaient de verser le cautionnement en inscriptions de *rentes*. Aujourd'hui il faudra le verser en *numéraire*. La grande différence c'est que l'inscription n'était pas saisissable par les créanciers du gérant, tandisque le numéraire le sera, jusqu'à concurrence de la part de propriété du gérant.

14. Continueront à être dispensés de tout cautionnement les journaux et écrits périodiques mentionnés en l'art. 3 de la loi du 18 juillet 1828.

15. Chaque gérant responsable d'un journal ou écrit périodique devra posséder, en son propre et privé nom, le tiers du cautionnement.

Dans le cas où, soit des cessions totales ou partielles de la portion du cautionnement appartenant à un gérant, soit des jugemens passés en force de chose jugée, prononçant la validité de saisies-arrêts formées sur ce cautionnement, seraient signifiés au trésor, le gérant sera tenu de rapporter, dans les quinze jours de la notification qui lui en sera faite, soit la rétrocession, soit la main-levée de la saisie-arrêt; faute de quoi le journal devra cesser de paraître, sous les peines portées en l'article 6 de la loi du 9 juin 1819.

16. Conformément à l'article 8 de la loi du 18 juillet 1818, le gérant d'un journal ou écrit périodique sera tenu de signer, en minute, chaque numéro de son journal.

Toute infraction à cette disposition sera poursuivie devant les tribunaux correctionnels, et punie d'une amende de cinq cents à trois mille francs.

17. L'insertion des réponses et rectifications prévues par l'article 11 de la loi du 25 mars 1822, devra avoir lieu dans le numéro qui suivra le jour de la réception; elle aura lieu intégralement et sera gratuite; le tout sous les peines portées par ladite loi.

Toutefois, si la réponse a plus du double de la longueur de l'article auquel elle sera faite, le surplus de l'insertion sera payé suivant le tarif des annonces.

18. Tout gérant sera tenu d'insérer, en tête du journal, les documens officiels, relations authentiques, renseignemens et rectifications qui lui seront adressées par tout dépositaire de l'autorité publique; la publication devra avoir lieu le lendemain de la réception des pièces, sous la seule condition du paiement des frais d'insertion.

Toute autre insertion réclamée par le gouvernement, par l'intermédiaire des préfets, sera faite de la même manière, sous la même condition, dans le numéro qui suivra le jour de la réception des pièces.

Les contrevenans seront punis par les tribunaux correctionnels, conformément à l'article 11 de la loi du 25 mars 1822.

19. En cas de condamnation contre un gérant pour crime, délit ou contravention de la presse, la publication du journal ou écrit périodique ne pourra avoir lieu, pendant toute la durée des peines d'emprisonnement et d'interdiction des droits civils, que par un autre gérant remplissant toutes les conditions exigées par la loi.

Si le journal n'a qu'un gérant, les propriétaires auront un mois pour en présenter un nouveau et, dans l'intervalle, ils seront tenus de désigner un rédacteur responsable. Le cautionnement entier demeurera affecté à cette responsabilité.

Le cautionnement avait été réduit en 1830 à 2,400 francs de rente (50,000 francs), et proportionnellement, dans les mêmes termes que la loi nouvelle, jusqu'à 250 francs de rente (5,000 francs).

Art. 14. — Les journaux non politiques, ou ceux mensuels.

Art. 15. — I. Depuis la loi de 1830, la propriété *entière* du cautionnement devait appartenir aux gérans, qu'il y en eût un seul ou plusieurs.

II. La peine est un mois à 6 mois d'emprisonnement et 200 francs à 1,200 francs d'amende, applicables par les tribunaux correctionnels.

Art. 16. — Cet article est une confirmation pure et simple de l'art. 8 de la loi de 1818.— Dans le projet du gouvernement, la signature donnée *en blanc* était punie correctionnellement. La commission avait diminué la restriction, en exigeant seulement que la signature fût donnée *jour par jour*. Cette disposition a été rejetée.

Au reste la signature *en minute* n'est point une signature sur manuscrit, impraticable pour un journal. La loi de 1818 dit: *L'exemplaire signé pour minute* sera déposé, etc.

Art. 17. — Le second paragraphe est une addition à l'art. 11 de la loi de 1822. Cet article ne permettait en aucun cas une réponse de plus du double de l'article primitif. Et l'insertion était entièrement gratuite.

On a proposé à la chambre de fixer législativement le taux des insertions. Et l'amendement a été repoussé à l'unanimité.

Art. 18. — I. Modifie l'art. 8 de la loi du 9 juin 1819.

II. La peine est une amende de 50 à 500 francs.

Le mot *dépositaire* de l'autorité publique ne doit évidemment pas s'entendre ici d'une manière aussi large que dans le cas d'outrages. Il y a bien des fonctionnaires dont la fonction doit être respectée, et qui ne sont point en position de donner à un journal des renseignemens obligatoires.

TITRE III. — *Des dessins, gravures, lithographies et emblèmes.*

20. Aucun dessin, aucunes gravures, lithographies, médailles, et estampes, aucun emblème, de quelque nature et espèce qu'ils soient, ne pourront être publiés, exposés ou mis en vente sans l'autorisation préalable du ministre de l'intérieur, à Paris, et des préfets, dans les départemens.

En cas de contravention, les dessins, gravures, lithographies, médailles, estampes ou emblèmes pourront être confisqués, et le publicateur sera condamné, par les tribunaux correctionnels, à un emprisonnement d'un mois à un an, et à une amende de 100 francs à 1,000 francs, sans préjudice des poursuites auxquelles pourraient donner lieu la publication, l'exposition et la mise en vente desdits objets.

TITRE IV. — *Des théâtres et des pièces de théâtre.*

ART. 21. Il ne pourra être établi, soit à Paris, soit dans les départemens, aucun théâtre ni spectacle, de quelque nature qu'ils soient, sans l'autorisation préalable du ministre de l'intérieur, à Paris, et des préfets, dans les départemens.

La même autorisation sera exigée pour les pièces qui y seront représentées.

Toute contravention au présent article sera punie par les tribunaux correctionnels, d'un emprisonnement d'un mois à un an, et d'une amende de mille francs à cinq mille francs, sans préjudice, contre les contrevenans, des poursuites auxquelles pourront donner lieu les pièces représentées.

22. L'autorité pourra toujours, pour des motifs d'ordre public, suspendre la représentation d'une pièce, et même ordonner la clôture provisoire du théâtre.

Ces dispositions et celles contenues en l'article précédent sont applicables aux théâtres existans.

23. Il sera pourvu, par un réglement d'administration publique, qui sera converti en loi dans la session de 1837, au mode d'exécution des dispositions précédentes, qui n'en demeurent pas moins exécutoires à compter de la promulgation de la présente loi.

TITRE V. — *De la poursuite et du jugement.*

ART. 24. Le ministère public aura la faculté de faire citer directement à trois jours les prévenus devant la cour d'assises, même, lorsqu'il y aura eu saisie préalable des écrits, dessins, gravures, lithographies, médailles ou emblèmes. Néanmoins la citation ne pourra être donnée, dans ce dernier cas, qu'après la signification, au prévenu, du procès-verbal de saisie

25. Si, au jour fixé par la citation, le

ART. 20. — I. Voyez l'art 8 de la loi du 31 mars 1820 (censure temporaire) dont celui-ci est la reproduction, avec cette différence essentielle, qu'il établit une censure indéfinie.

Voyez aussi ci-après l'ordonnance d'exécution de cet article.

II. Les poursuites dont il est question à la fin de cet article, sont celles qui pourraient résulter des délits ou crimes commis à l'aide du dessin, gravure etc. comme *moyen*.

ART. 21. — A proprement parler, cet article ne crée pas un droit nouveau pour le pouvoir. Il était suffisamment armé par le décret du 8 juin 1806, art. 14. Seulement la légalité de ce décret était contestable jusqu'à un certain point, ou tout au moins douteuse, bien qu'on l'exécutât. Cette loi, rendue dans les *formes* constitutionnelles, inattaquable sous ce point, si elle peut l'être, comme contraire, dans ses dispositions, aux prescriptions de la charte, ne fait que donner une nouvelle force au décret de 1809, et anéantit la liberté des représentations dramatiques.

« Il est bien entendu qu'aucune poursuite » ne pourra être dirigée à raison d'une pièce » autorisée ; le contrevenant seul répondra » de la contravention et du délit s'il y a lieu. » (Rapport de M. Sauzet 19 août.)

ART. 22. — Le projet du gouvernement permettait la clôture *définitive* du théâtre et le retrait de l'autorisation. Un si grand pouvoir n'a point été accordé au gouvernement, qui eût été ainsi le maître de frapper *arbitrairement* les citoyens dans leur fortune en même temps que dans l'expression de leur pensée.

ART. 24. — La loi du 8 avril 1831 n'autorisait la citation directe que dans le cas où il n'y avait pas eu *saisie* (art. 5).

ART. 25. — L'usage s'était établi que le prévenu pourrait, même en se présentant, déclarer qu'il faisait défaut. Il gagnait ainsi tout le temps nécessaire pour statuer sur l'opposition qu'il formait ensuite. — Le projet de loi du gouvernement voulait mettre obstacle à cet abus, en ordonnant de rendre un jugement définitif, toutes les fois que le prévenu aurait été bien assigné, qu'il se présentât ou non. La commission l'a modifié, et a proposé la rédaction actuelle. — On voit que le prévenu n'a plus la faculté qui lui était

prévenu ne se présente pas, il sera statué par défaut.

L'opposition à cet arrêt devra être formée dans les cinq jours, à partir de la signification, à peine de nullité.

L'opposition emportera, de plein droit, citation à la première audience.

Toute demande en renvoi devra être présentée à la cour avant l'appel et le tirage au sort des jurés.

Lorsque cette dernière opération aura commencé en présence du prévenu, l'arrêt à intervenir sur le fond sera définitif et non susceptible d'opposition, quand même il se retirerait de l'audience après le tirage du jury durant le cours des débats.

26. Le pourvoi en cassation contre les arrêts qui auront statué tant sur les questions de compétence que sur des incidens, ne sera formé qu'après l'arrêt définitif et en même temps que le pourvoi contre cet arrêt.

Aucun pourvoi formé auparavant ne pourra dispenser la cour d'assises de statuer sur le fond.

27. Si, au moment où le ministère public exerce son action, la session de la cour d'assises est terminée, et s'il ne doit pas s'en ouvrir d'autre à une époque rapprochée, il sera formé une cour d'assises extraordinaire par ordonnance motivée du premier président. Cette ordonnance prescrira le tirage au sort des jurés, conformément à l'article 388 du code d'instruction criminelle, et elle désignera le conseiller qui doit présider.

Dans les chefs-lieu des départemens où ne siégent pas les cours royales, le président du tribunal de première instance sera, de droit, président de la cour d'assises, si le ministre de la justice ou le premier président n'en ont pas désigné un autre.

Disposition générale.

Art. 28. Les dispositions des lois antérieures qui ne sont pas contraires à la présente continueront d'être exécutées selon leur forme et teneur.

LOI DU 9 SEPTEMBRE 1835

Sur les cours d'assises.

[Louis-Philippe. — M. Persil.]

Art. 1er. Les crimes prévus dans le paragraphe 1er de la section IV du chapitre III du titre Ier du livre III du code pénal, ou dans la loi du 24 mai 1834, seront jugés selon les formes déterminées dans la présente loi.

2. Le ministre de la justice pourra ordonner qu'il soit formé autant de sections de cours d'assises que le besoin du service l'exigera, pour procéder simultanément au jugement des prévenus.

3. Lorsque, sur le vu de la procédure communiquée conformément à l'article 61 du code d'instruction criminelle, le procureur-général estimera que la prévention est suffisamment établie contre un ou plusieurs inculpés; il se fera remettre les pièces d'instruction, le procès-verbal constatant le corps du délit, et l'état des pièces de conviction qui seront apportées au greffe de la cour royale.

---

donnée par l'art. 19 de la loi du 26 mai 1819 de comparaître par fondé de pouvoir.

Art. 26. — Voyez un arrêt de cassation rendu dans l'affaire du *National*, en note sous l'art. 7 de la loi du 25 mai 1822.

Art. 28 — Voyez les notes sur les précédens articles, et toutes les lois antérieures rapportées dans ce recueil.

On avait proposé par amendement de déclarer l'art. 463 du code pénal (abaissement facultatif des peines) applicable aux délits comme aux crimes prévus par cette loi. L'amendement a été repoussé.

Loi sur les cours d'assises.

Présentation à la chambre des députés le 4 août 1835.—Rapport (M. Obébert) le 11. — Discussion et adoption le 13.

Présentation à la chambre des pairs le 17 août. — Rapport (M. Tripier) le 22. — Discussion du 25 au 27. — Adoption le 27 août. Sanction le 9 septembre. — Promulgation le même jour.

Art. 1er. — Ce paragraphe du code pénal traite des crimes de *rébellion* soit individuelle, soit par bande, armée ou non armée etc.

La loi du 24 mai 1834 punit les détenteurs ou fabricans d'armes et de munitions de guerre, ainsi que les faits divers qui se rattachent à un mouvement insurrectionnel, comme constructions de barricades, bris de télégraphes etc.

Le but de cette loi est d'arriver à frapper promptement, presque instantanément le délit à l'aide d'une procédure plus expéditive. —Quinze jours pourront suffire pour traduire des accusés à la barre.

4. Dans le cas prévu par l'article précédent, le procureur-général pourra saisir la cour d'assises, en vertu de citations données directement aux prévenus en état d'arrestation.

5. A cet effet, le procureur-général adressera son réquisitoire au président de la cour d'assises, pour obtenir indication du jour auquel les débats devront s'ouvrir. Ce réquisitoire sera rédigé dans la forme établie par l'article 241 du code d'instruction criminelle.

6. Le réquisitoire et l'ordonnance contenant indication du jour de l'audience seront signifiés aux prévenus dix jours au moins avant l'ouverture des débats, par un huissier que le président de la cour d'assises commettra. Il leur en sera laissé copie.

7. Le pourvoi en cassation contre les arrêts qui auront statué, tant sur la compétence que sur les incidens, ne sera formé qu'après l'arrêt définitif et en même temps que le pourvoi contre cet arrêt.

Aucun pourvoi formé auparavant ne pourra dispenser la cour d'assises de statuer sur le fond.

8. Au jour indiqué pour la comparution à l'audience, si les prévenus ou quelques-uns d'entre eux refusent de comparaître, sommation d'obéir à la justice leur sera faite au nom de la loi par un huissier commis à cet effet par le président de la cour d'assises, et assisté de la force publique. L'huissier dressera procès-verbal de la sommation et de la réponse du prévenu.

9. Si les prévenus n'obtempèrent point à la sommation, le président pourra ordonner qu'ils soient amenés par la force devant la cour; il pourra également, après lecture, faite à l'audience, du procès-verbal constatant leur résistance, ordonner que, nonobstant leur absence, il soit passé outre aux débats.

Après chaque audience, il sera, par le greffier de la cour d'assises, donné lecture aux prévenus qui n'auront point comparu, du procès-verbal des débats, et il leur sera signifié copie des réquisitoires du ministère public, ainsi que des arrêts rendus par la cour, qui seront tous réputés contradictoires.

10. La cour pourra faire retirer de l'audience et reconduire en prison tout prévenu qui, par des clameurs ou par tout autre moyen propre à causer du tumulte, mettrait obstacle au libre cours de la justice; et, dans ce cas, il sera procédé aux débats et au jugement, comme il est dit aux deux articles précédens.

11. Tout prévenu ou toute personne présente à l'audience d'une cour d'assises, qui causerait du tumulte pour empêcher le cours de la justice, sera, audience tenante, déclaré coupable de rébellion, et puni d'un emprisonnement qui n'excédera pas deux ans, sans préjudice des peines

---

Art. 4. — La citation directe enlève au prévenu la garantie qu'il trouve dans une ordonnance rendue d'abord par la chambre du conseil du tribunal de première instance pour le mettre en *prévention*, et dans l'arrêt de la chambre de la cour royale qui prononce la *mise en accusation*. D'un autre côté il n'a pas contre lui, quand il arrive devant la cour d'assises, la fâcheuse prévention de culpabilité qu'établit ce double jugement. — Il n'est plus accusé que du chef du procureur général, qui par là perd, sur son siège, la qualité de représentant impartial de la société, pour revêtir celle d'accusateur. — L'acte d'accusation rédigé conformément à l'article suivant, n'est plus en effet l'œuvre d'une chambre de la cour rédigée par un membre du ministère public; c'est un acte individuel du magistrat.

Art. 5. — Article 241 du code d'instruction criminelle.

Dans tous les cas ou le prévenu sera renvoyé à la cour d'assises, le procureur général sera tenu de rédiger un acte d'accusation.

L'acte d'accusation exposera, 1° la nature du délit qui forme la base et l'accusation, 2° le fait de toutes les circonstances qui peuvent aggraver ou diminuer la peine : le prévenu y sera dénommé et clairement désigné.

L'acte d'accusation sera terminé par le résumé suivant :

En conséquence, N..... est accusé d'avoir commis tel meurtre, tel vol, ou tel autre crime, avec telle ou telle circonstance.

242. L'arrêt de renvoi et l'acte d'accusation seront signifiés à l'accusé, et il lui sera laissé copie du tout.

Art. 7. — Ce n'est plus, dans le cas de la citation directe, la chambre d'accusation qui décide la compétence, c'est la cour d'assises.

Art. 9. — Cet article, qui rend légale une lutte dont les conséquences sont impossibles à prévoir, a été adopté malgré l'opposition énergique de M. Hennequin, sous l'influence des scènes déplorables aux quelles on avait assisté dans le récent procès des accusés d'avril. — Tous les hommes sages doivent faire des vœux pour qu'une disposition de loi aussi farouche disparaisse bientôt de nos codes.

Art. 10. — Voy. la note précédente. M. Odilon Barrot s'est en vain opposé à cette disposition. — Remarquons qu'il faut un *arrêt de la cour*.

portées au code pénal contre les outrages et violences envers les magistrats.

12. Les dispositions des articles 8, 9, 10 et 11 s'appliquent au jugement de tous les crimes et délits devant toutes les juridictions.

LOI DU 9 SEPTEMBRE 1835.

Qui rectifie les articles 341, 345, 346, 347, *et* 352 *du code d'instruction criminelle, et l'article* 17 *du code pénal.*

[Louis-Philippe. — M. Persil.]

ART. 1er. Les articles 344, 345, 346, 347 et 352 du code d'instruction criminelle sont et demeurent rectifiés ainsi qu'il suit:

341. En toute matière criminelle, même en cas de récidive, le président, après avoir posé les questions résultant de l'acte d'accusation et des débats, avertira le jury, à peine de nullité, que s'il pense, à la majorité, qu'il existe en faveur d'un ou de plusieurs accusés reconnus coupables, des circonstances atténuantes, il devra en faire la déclaration en ces termes :

« A la majorité, il y a des circonstances « atténuantes en faveur de tel accusé. »

Ensuite le président remettra les questions écrites aux jurés dans la personne du chef du jury, et il leur remettra en même

---

Loi sur le jury.

I. Présentation à la chambre des députés le 4 août 1835. — Rapport (M. Parant) le 11. — Discussion du 13 au 20. — Adoption le 20.

Présentation à la chambre des pairs le 25 août. — Rapport (M. Gibert-des-Voisins) le 29.—Discussion et adoption le 1er septembre.

Sanction le 9 septembre. — Promulgation même jour.

II. Les modifications qu'apporte cette loi à la législation existante consistent dans la réduction de la majorité nécessaire pour que le jury puisse condamner.

2° Dans l'introduction du vote du scrutin secret. 3° Dans l'aggravation de peines pour certains délits politiques.

Bien que cette modification porte en réalité sur toutes les affaires criminelles, puisqu'elle altère des articles du code d'instruction criminelle, les motifs en ont été principalement politiques, et la discussion a surtout roulé sur cette sorte de motifs.

ART. 1er. — Le code actuel, corrigé en vertu de la loi du 4 mars 1831, avait porté à 8 au moins au lieu de 7 sur 12 le nombre de voix suffisant pour la condamnation à prononcer par le jury. Mais en même tems il ne permettait plus que la majorité de la cour pût, dans le cas de déclaration par le jury à la simple majorité, se réunir à la minorité pour acquitter l'accusé.

La loi nouvelle revient à l'ancien système, moins l'adjonction des magistrats, qui d'ailleurs aujourd'hui ne siègent plus que 3 au lieu de 5.

Quant au vote secret, reclamé surtout pour soustraire les jurés à la crainte des vengeances politiques, il est renouvelé par analogie de la loi du 17 sept. 1791 et du code du 3 brumaire an IV, d'après lesquels chaque juré exprimait son opinion au juge délégué, et au commissaire du gouvernement, mais en l'absence des autres jurés.

Voici les anciens articles modifiés par application de ces principes.

341. En toute matière criminelle, même en cas de récidive, le président. après avoir posé les questions résultant de l'acte d'accusation et des débats, avertira le jury, à peine de nullité, que s'il pense, à la majorité de plus de sept voix, qu'il existe en faveur d'un ou de plusieurs des condamnés reconnus coupables des circonstances atténuantes, il devra en faire la déclaration en ces termes : — « A la majorité de plus de sept voix, « il y a des circonstances atténuantes en faveur de tel « accusé. » — Ensuite le président remettra les questions écrites aux jurés, dans la personne du chef du jury ; et il leur remettra en même temps l'acte d'accusation, les procès-verbaux qui constatent les délits et des pièces du procès autres déclarations des témoins. — Il fera retirer l'accusé de l'auditoire.

345. Le chef du jury les interrogera d'après les questions posées, et chacun d'eux répondra ainsi qu'il suit :

1° Si le juré pense que le fait n'est pas constant, ou que l'accusé n'en est pas convaincu, il dira :

Non l'accusé n'est pas coupable.

En ce cas le juré n'aura rien de plus à répondre.

2° S'il pense que le fait est constant, que l'accusé en est convaincu, et que la preuve existe à l'égard de toutes les circonstances, il dira :

Oui, l'accusé est coupable d'avoir commis le crime, avec toutes les circonstances comprises dans la position des questions.

3° S'il pense que le fait est constant, que l'accusé en est convaincu, mais que la preuve n'existe qu'à l'égard de quelques-unes des circonstances, il dira :

Oui, l'accusé est coupable d'avoir commis le crime avec telle circonstance, mais il n'est pas constant qu'il l'ait fait avec telle autre.

4° S'il pense que le fait est constant, que l'accusé en est convaincu, mais qu'aucune des circonstances n'est prouvée, il dira:

Oui, l'accusé est coupable, mais sans aucune des circonstances.

346. Le juré fera de plus, s'il y a lieu, une réponse particulière pour les cas prévus par les articles 339 et 340. (Excuses et discernement.)

347. La décision du jury se formera contre l'accusé, à la majorité de plus de sept voix.

Elle se formera à la même majorité de plus de sept voix sur les circonstances atténuantes.

Dans l'un ou l'autre cas, la déclaration du jury constatera cette majorité, à peine de nullité, sans que jamais le nombre de voix puisse y être exprimé.

temps l'acte d'acusation, les procès-verbaux qui constatent des delits, et les pièces du procès, autres que les déclarations écrites des témoins.

Le président avertira le jury que son vote doit avoir lieu au scrutin secret.

Il avertira également les jurés que si l'accusé est déclaré coupable du fait principal à la simple majorité, ils doivent en faire mention en tête de leur déclaration.

Il fera retirer l'accusé de l'auditoire.

345. Le chef du jury lira successivement chacune des questions posées comme il est dit en l'article 336, et le vote aura lieu ensuite au scrutin secret, tant sur le fait principal et les circonstances aggravantes que sur l'existence des circonstances atténuantes.

346. Il sera procédé de même, et au scrutin secret, sur les questions qui seraient posées dans les cas prévus par les articles 339 et 340.

347. La décision du jury, tant contre l'accusé que sur les circonstances atténuantes, se formera à la majorité, à peine de nullité.

La déclaration du jury constatera la majorité, à peine de nullité, sans que le nombre de voix y puisse être exprimé, si ce n'est dans le cas prévu par le quatrième paragraphe de l'article 341.

352. Si néanmoins les juges sont unanimement convaincus que les jurés, tout en observant les formes, se sont trompés au fond, la cour déclarera qu'il est sursis au jugement et renverra l'affaire à la session suivante, pour être soumise à un nouveau jury dont ne pourra faire partie aucun des premiers jurés.

Lorsque l'accusé n'aura été déclaré coupable qu'à la simple majorité, il suffira que la majorité des juges soit d'avis de surseoir au jugement et renvoyer l'affaire a la session suivante, pour que cette mesure soit ordonnée par la cour.

Nul n'aura le droit de provoquer cette mesure: la cour ne pourra l'ordonner que d'office et immédiatement après que la déclaration du jury aura été prononcée publiquement, et dans le cas où l'accusé aura été convaincu; jamais lorsqu'il n'aura pas été déclaré coupable.

La cour sera tenue de prononcer immédiatement après la déclaration du second jury, même quand elle serait conforme à la première.

Disposition transitoire.

Il sera fait, sur le mode du vote au scrutin secret, un réglement d'administration publique, qui sera converti en loi dans la session prochaine.

2. L'article 17 du code pénal est et demeure rectifié ainsi qu'il suit:

17. La peine de la déportation consistera à être transporté et à demeurer à perpétuité dans un lieu déterminé par la loi, hors du territoire continental du royaume.

Si le déporté rentre sur le territoire du royaume, il sera, sur la seule preuve de son identité, condamné aux travaux forcés à perpétuité.

Le déporté qui ne sera pas rentré sur le territoire du royaume, mais qui sera saisi dans les pays occupés par les armées françaises, sera conduit dans le lieu de sa déportation.

Tant qu'il n'aura pas été établi un lieu de déportation, le condamné subira à perpétuité la peine de détention, soit dans une prison du royaume, soit dans une prison située hors du territoire continental, dans l'une des possessions françaises, qui sera déterminée par la loi, selon que les juges l'auront expressément décidé par l'arrêt de condamnation.

En cas d'égalité de voix, l'avis favorable à l'accusé prévaudra.

352. Si, hors le cas prévu par le précédent article, les juges sont unanimement convaincus que les jurés, tout en observant les formes, se sont trompés au fond, la cour déclarera qu'il est sursis au jugement, et renverra l'affaire à la session suivante, pour être soumise à un nouveau jury, dont ne pourra faire partie aucun des premiers jurés.

Nul n'aura le droit de provoquer cette mesure; la cour ne pourra l'ordonner que d'office, et immédiatement après que la déclaration du jury aura été prononcée publiquement et dans le cas où l'accusé aura été convaincu, jamais lorsqu'il n'aura pas été déclaré coupable.

La cour sera tenue de prononcer immédiatement après la déclaration du second jury, même quand elle serait conforme à la première.

III. Voyez sur la disposition transitoire l'ordonnance qui suit la loi.

La modification de l'art. 17 ne porte que sur les deux derniers paragraphes qui remplacent le dernier de l'ancien article ainsi conçu :

Tant qu'il n'aura pas été établi un lieu de déportation, ou lorsque les communications seront interrompues entre le lieu de la déportation et la métropole, le condamné subira à perpétuité la peine de la détention.

Le dernier paragraphe avait été ajouté par la loi du 28 avril 1832, modification du code pénal. — L'aggravation consiste dans la *détention* possible dans une forteresse *hors* de France.

Lorsque les communications seront interrompues entre la métropole et le lieu de l'exécution de la peine, l'exécution aura lieu provisoirement en France.

3. L'article 3 de la loi du 4 mars 1831 est abrogé.

ORDONNANCE DU 9 SEPTEMBRE 1835.

Portant réglement sur le mode du vote du jury au scrutin secret.

[Louis-Philippe. — M. Persil.]

Vu la loi du 9 septembre 1835, portant :

« Il sera fait, sur le mode du vote au « scrutin secret un réglement d'adminis-« tration publique, qui sera converti en « loi dans la session prochaine ; »

Sur le rapport de notre garde-des-sceaux, ministre secrétaire-d'état au département de la justice et des cultes ;

Notre conseil d'état entendu,

Nous avons ordonné et ordonnons ce qui suit :

Art 1er. Sur chacune des questions posées au jury, en exécution des articles 337 et suivans du code d'instruction criminelle, il sera voté successivement par bulletin écrit. A cet effet, chaque juré appelé par le chef du jury recevra de celui-ci un bulletin ouvert, marqué du timbre de la cour royale, et portant : « Sur mon honneur et ma conscience, ma déclaration est.... » Il écrira à la suite ou fera écrire secrètement par un juré de son choix le mot *oui* ou le mot *non*. La table sur laquelle les jurés écriront leurs votes sera disposée de manière que personne ne puisse voir ce qui sera écrit.

Le bulletin écrit et fermé sera remis au chef du jury, qui le déposera dans une boîte ou urne destinée à cet usage.

2. Les jurés voteront séparément et distinctement sur le fait principal d'abord, et, s'il y a lieu, sur chacune des circonstances, sur chacun des faits d'excuse légale, et enfin sur le discernement, lorsque l'accusé aura moins de seize ans,

3. Si la culpabilité de l'accusé est reconnue, et qu'un ou plusieurs jurés demandent que la question des circonstances atténuantes soit mise en délibération, il sera fait, à cet égard, un tour de scrutin ; mais la déclaration du jury n'exprimera le résultat de ce scrutin qu'autant qu'il sera affirmatif.

Après chaque scrutin, le chef du jury le dépouillera en présence des jurés ; il en consignera immédiatement le résultat en marge ou à la suite de la question résolue, sans néanmoins exprimer le nombre de suffrages, si ce n'est lorsque la décision affirmative sur le fait principal aura été prise à la simple majorité.

4 S'il arrivait que dans le nombre des bulletins il s'en trouvât sur lesquels aucun vote ne fût exprimé, ils seraient comptés comme une réponse négative à la question posée.

5. Immédiatement après le dépouillement de chaque scrutin, les bulletins seront brûlés en présence du jury.

6. Notre garde-des-sceaux, ministre secrétaire-d'état au département de la justice et des cultes, est chargé de l'exécution de la présente ordonnance, qui sera insérée au *Bulletin des Lois*, et affichée en placard dans la chambre des délibérations du jury.

ORDONNANCE DU 9 SEPTEMBRE 1835.

Concernant l'exécution des diverses dispositions de la loi du 9 septembre 1835, relative à la publication des dessins, gravures, lithographies, estampes ou emblêmes.

[Louis-Philippe. — M. Persil.]

Vu la loi du 9 septembre 1835, portant qu'aucun dessin, aucunes gravures, lithographies, médailles et estampes, aucun emblême, de quelque nature et espèce qu'ils soient, ne pourront être publiés, exposés ou mis en vente sans l'autorisation préalables du ministre de l'intérieur à Paris, et du préfet dans les départemens ;

Voulant pourvoir à l'exécution de cet article de manière à assurer la repression de toute contravention ;

Sur le rapport de notre ministre secrétaire-d'état au département de l'intérieur;

Nous avons ordonné et ordonnons ce qui suit :

Art. 1er. L'autorisation préalable exigée par l'article 19 de la loi du 9 septembre 1835 contiendra la désignation sommaire du dessin, de la gravure, lithographie, estampe ou de l'emblême qu'on voudra

---

Art. 3. — Cette loi était relative à la rectification du Code d'instr. crim.

publier, et le titre qui lui aura été donné. L'auteur ou l'éditeur sera tenu de la représenter à toute réquisition.

Lorsqu'il s'agira de gravure, lithographie, estampe ou emblème se multipliant par le tirage, l'auteur ou l'éditeur, en recevant l'autorisation, déposera, au ministère de l'intérieur ou au secrétariat de la préfecture, une épreuve destinée à servir de pièce de comparaison. Il certifiera la conformité de cette épreuve avec celle qu'il se proposera de publier.

2. L'autorisation dont tout dessinateur, graveur ou tout autre individu est obligé de se pourvoir, d'après l'arrêté du 26 mars 1804 et l'ordonnance du 24 mars 1832, pour faire frapper dans les ateliers du gouvernement les médailles de sa composition, tiendra lieu de celle qui lui est imposée par la loi du 9 septembre 1835, pour la publication, exposition ou mise en vente de ces mêmes médailles, dont un exemplaire devra préalablement être déposé au ministère de l'intérieur.

3. Les autorisations délivrées à Paris et dans les départemens seront insérées, chaque semaine, par ordre alphabétique et des matières, dans le *Journal général de la librairie*.

4. Notre ministre secrétaire-d'état au département de l'intérieur est chargé de la présente ordonnance.

TABLE CHRONOLOGIQUE

Des Lois, Ordonnances, Décrets, Arrêtés, Avis du Conseil contenus ou cités dans le CODE ANNOTÉ DE LA PRESSE (1).

(1) Abréviations : Loi, L. — Décre, D. — Arrêt, A. — Avis du conseil, A. C. — Ordonnance, O. — Arrêt du conseil, Arr. C. — Sénatus consulte, S. C.

ARTICLES DU CODE PÉNAL.

TABLE

ALPHABÉTIQUE ET ANALYTIQUE DES MATIÈRES.

www.ingramcontent.com/pod-product-compliance
Ingram Content Group UK Ltd.
Pitfield, Milton Keynes, MK11 3LW, UK
UKHW020250220726
13923UKWH00002B/875